KB103505

법은 정치를 심판할 수 있을까?

정치의
시 대

최강욱

법은 정치를 심판할 수 있을까?

창비

대통령 선거가 있었으니 분명 정치의 시대다. 그런데 그 시대는 대통령 탄핵이라는 법적 절차를 통해 열렸다. 그리고 정치권력의 정점에 있던 대통령은 법에 의해 구속되어 법의 심판을 기다리는 피고인이 되었다.

그렇다면 법이 정치를 심판한 것인가. 아니, 법률가가 정치가를 심판한 것인가. 앞으로도 이러한 원칙이 지속될 수 있을까. 이것이 정치의 시대를 살아가는 법률가로서 붙잡고 고민해야 할 화두가 될 수밖에 없다.

결론부터 말하자면 법이 정치를 심판한 것은 아니라고 생각한다. 법은 결국 사회를 구성하는 모든 세력의 이해관계와 힘의 우열을 반영할 수밖에 없으며, 정치권력과

떨어뜨려 생각할 수 없다. 다행히도 박근혜 전 대통령의 비리는 주권자가 수개월간 광장에서 밝힌 촛불에 의해 드러날 수 있었고, 주권자의 확고한 의지가 있었기에 언론이나 검찰이 별다른 꼼수를 생각할 겨를도 없이 그 수많은 범죄를 찾아내야만 했다. 헌법재판소도 마찬가지다. 법적 절차로 풀어냈지만 실질은 주권자의 직접민주주의가 이룬 정치의 결과인 것이다.

시민들은 언론을 통해 투영되는 갈등과 혼란의 모습으로만 정치를 대하면서, 세칭 엘리트들이 모여 있는 법조의 각 분야가 나서서 진실을 밝혀내는 방법으로, 그 혼란이 엄정한 잣대로 정리되고 나아가 정의가 세워지기를 바란다. 그렇게 되려면 우선 정의로운 내용으로 일관한 법이 만들어져야 하고, 그 법을 집행하고 판단하는 이들이 정의로워야만 한다.

그렇지만 현실은 어디 그런가. 한국 사회에서 법률가가 배출되는 과정과 그들이 거쳐온 통로를 보면 결국 시민들은 법률가들에게 지나친 선민의식을 부여하고 그들

의 능력과 인성에 걸맞지 않는 과도한 신뢰와 기대를 갖
는 경우가 많다. 비극은 거기서 시작된다.

물론 어느 직종이든 타고난 정의감으로 똘똘 뭉친 이
들로만 구성될 수 없고, 매번 올바른 결정만을 내리는 집
단도 있을 수 없기에 법과 법률가의 한계는 당연한 것일
지 모른다. 하지만 법률가 스스로 정의, 진실, 인권 등 숭
고한 가치를 담은 단어를 독점하며 엘리트인 양 행세해왔
다면, 이제 실제 갖고 있는 성정의 속살과 양심의 크기를
인정하고 주권자 앞에 겸허해질 필요가 있다는 생각이다.

그래서 정치를 심판하는 것은 언제나 주권자들이며,
올바른 법을 만들어낼 정치를 강제하는 것도 주권자들이
고, 법률가들의 위선을 감시하고 바로잡는 것도 주권자의
몫이라는 걸 이야기하고 싶었다. 그러려면 뭔가 멀리 있
는 것 같은 법과 법률용어가 우리 근처에서 늘상 따라다
닌다는 걸 좀 쉽게 설명하고, 뭔가 남다른 장점이 있을 것
으로 믿었던 법률가들이 오히려 약점과 단점이 많을 수
있는 사람들이란 걸 말해야 한다고 생각했다.

특권에 대한 환상, 특권에 대한 묵인, 특권에 의한 복종이 없는 사회야말로 진정한 민주주의를 이룰 수 있다. 민주주의의 역사는 결국 모두가 같은 권리를 지니고 태어난 같은 사람이고, 그 사람들의 뜻이 모여 만들어진 법을 능가해 군림할 수 있는 사람은 아무도 없으며, 주권자로부터 위임받은 권한을 남용하는 자들은 철저히 응징해야만 건강하게 유지될 수 있다는 점을 증명해온 과정이라고 생각한다. 그래서 이 땅에 제대로 된 민주주의가 꽃필 수 있는 토대가 튼튼해질 때, 정치는 비로소 제 역할을 하며 민주주의를 지켜낼 것이고 법은 비로소 제 역할을 하며 주권자를 보호할 수 있을 것이다.

거듭 밝히건대 올바른 정치가 법을 지배하고 심판하게 해야 한다. 법과 법률가에 대한 환상은 단호히 배격해야 하며, 그들에게 거는 과도한 기대는 올바른 정치를 위한 노력으로 치환되어야 한다.

깨어 있는 유권자가 주권자로 굳건히 설 때 바른 정치가 이루어지고, 그 정치를 통해 만들어진 정의로운 법이

우리 사회와 민주주의를 지키는 최후의 보루로 기능할 수
있을 것이다.

2017년 5월

최강욱

정치의
시 대

법은 정치를
심판할 수 있을까?

헌법 1조의 핵심,
권력

안녕하세요. 반갑습니다. 이렇게 많은 분들이 '법'이라는 딱딱한 주제에 관심을 가질 줄은 몰랐습니다. 아마도 저보다는 '법은 정치를 심판할 수 있을까'라는 주제에 관심을 갖고 오셨으리라 생각합니다. '법은 정치를 심판할 수 있을까' 이런 큰 주제를 받고 강의를 준비하면서 고민을 많이 했습니다. 결론부터 말씀드리면 심판할 수 없다는 게 제 생각이기 때문입니다.

처음부터 기대했던 이야기가 아니어서 힘이 빠질 수도 있을 것 같습니다. 이번 강의에서 그 이유를 차근차근 이야기해보겠습니다. 일단 크게는 한국 사법의 구조적인 문제 탓에 법이 정치를 심판하기란 어렵습니다. 여기서 구조라고 하는 것은 제도나 관행의 문제뿐만 아니라 그것을 구성하는 사람들의 문제까지 포함하는 개념입니다. 한국 사회에서 소위 엘리트라고 평가받는 사람들의 속살이나 민낯에 대해 살펴보면 제가 왜 심판할 수 없다고 여기는지 잘 알게 되리라 생각합니다.

그럼 본격적으로 하나하나 살펴보겠습니다. 법과 정치를 말하기에 앞서 우선 헌법을 살펴볼까요? 많은 사람들이 법률가에 대해 갖고 있는 오해 중 하나가 법률가들은 법조문을 모두 외우고 있다고 여기는 것입니다. 그래서 "어떤 죄를 지으면 징역 몇 년 사는 거야?" 하고 흔히들 물어봅니다. 이 자리에도 법률가라면 당연히 답을 알거라고 생각하는 분이 있겠지만, 그러면 법률가들은 정말 곤란해합니다. 당연히 그 많은 법률을 다 외울 수 없기 때문이지요.

그래서 저도 그렇지만, 많은 법률가들이 평소에 자주 쓰는 법전을 가나다순으로 묶어놓습니다. 그중 당연히 헌법이 들어가 있을 텐데, 헌법은 ㄱ, ㄴ, ㄷ 중 어디에서 찾아야 할까요? ㅎ일 것 같지만, ㄷ에서 찾아야 합니다. 공식 명칭이 대한민국 헌법이기 때문이지요. 그런데 유일하게 헌법만 '대한민국'이라는 국호를 넣어서 '대한민국 헌법'이라고 부릅니다. 즉 형법, 상법, 민법은 그냥 형법, 상법, 민법입니다. 대한민국 형법, 대한민국 상법 같은 식으로 부르지 않습니다.

왜 헌법에만 '대한민국'이라는 국호를 넣었을까요? 그것은 대한민국의 기초가 헌법에 담겨 있기 때문입니다. 그리고 그 하위의 법들은 이 헌법을 거스를 수 없기 때문입니다. 무슨 뜻인지 좀더 살펴볼까요? 한스 켈젠(Hans Kelsen)이라는 법학자가 있습니다. 그가 주장한 것 중에 '법 단계설'이라는 중요한 이론이 있습니다. 뭔가 대단히 어려운 이론인 것 같지만 중고등학교 사회 시간에 배워서 잘 아시는 내용입니다. 그 핵심은 법에는 다섯 가지 단계가 있다는 것입니다. 즉 가장 위에 헌법이 있고 그 아래에 법률, 명령, 조례, 규칙이 있는데, 하위법은 상위법을 위반해서는 안 된다는 내용입니다. 이런 까닭에 법과 정치의 관계를 살피자면 헌법을 빼놓고 말할 수 없는 것입니다.

'정치'라고 하면 보통 어떤 것이 먼저 떠오르시나요? 저는 '권력'이라는 단어가 자연스럽게 연상이 되는데, 여러분은 어떠신지 모르겠습니다. 흔히들 정치인은 권력을 잡으려고 하고, 시민들은 우리의 권력을 정치인에게 위임했다고들 합니다. 바로 그 이유 때문입니다. 이렇게 이야기해도 잘 모르시겠다면 헌법을 살펴보면 됩니다. 헌법을 보면 권력에 대해 분명하게 정의를 내리고 있습니다. 헌법에서 '권력'이라는 단어는 제1조에만 나옵니다. 노래로도 만들어져 잘 아시겠지만, 다시 한번 보겠습니다.

제1조

① 대한민국은 민주공화국이다.

② 대한민국의 주권은 국민에게 있고, 모든 권력은 국민으로부터 나온다.

헌법은 총 10장으로 구성되어 있는데, 제1장 총강부

터 제2장 국민의 권리와 의무, 제3장 국회, 제4장 정부, 제5장 법원, 제6장 헌법재판소 등으로 이어집니다. '권력'이라는 말은 그중 제1장 총강의 제1조 "모든 권력은 국민으로부터 나온다"에만 나오고, 그 뒤에는 전혀 나오지 않습니다. 유일하게 주권자인 국민에게만 권력을 딱 한 번 쓴 것입니다. 이 말은 곧 헌법이 권력이 가지고 있는 속성, 본질에 대해 명확하게 선언하고 있음을 의미합니다. 헌법의 정의대로라면 주권자가 인정하지 않는 권력은 권력이 아닌 셈입니다. 권력은 주권자에게만 있다는 말을 달리 표현한 것이지요.

그런데 우리의 정치 현실은 어떻습니까? 모든 권력은 국민으로부터 나온다는 사실을 체감하고 있는지 의문입니다. 헌법이 그 사실을 보장하고 있다는 게 의외라고 여겨질 정도로 헌법의 가치가 폄하되고 있고, 오남용되는 경우도 있습니다. 헌법에서 규정한 권력에서 크게 벗어나 자기 자신의 사리사욕을 위해 권력을 행사하는 정치, 그들을 옹호하는 구체적인 판결을 예로 들 것도 없습니다.

간단하게는 법률가들이 소속되어 있는 법률가 단체의 이름에서도 이 사실을 확인할 수 있습니다.

우리나라에는 법률가 단체가 여럿 있습니다. 대한변호사협회(대한변협)와 민주사회를 위한 변호사모임(민변)이 가장 널리 알려진 단체입니다. 대한변협과 민변이 어떻게 다른지에 대해 알고 계시는지 모르겠습니다. 저의 아버지는 저에게 다섯 번 정도 물어보셨는데, 아직도 헷갈려 하십니다.

쉽게 말씀을 드리면 대한변협은 모든 변호사가 강제로 가입해야 하는 단체고, 민변은 내가 가입하고 싶으면 하고 아니면 마는 일종의 시민단체입니다. 그래서 저 같은 경우에는 민변 회원이면서, 서울지방변호사회의 회원, 대한변호사협회의 회원입니다. 서울지방변호사회도 일종의 강제 조직입니다. 서울에서 활동하는 변호사는 서울지방변호사회에 가입을 해야만 개업해서 사무실을 열 수 있습니다.

그런데 민변이 워낙 여러 가지 활동을 하고 시민들에

게 알려지다보니 한국 사회에서 보수라고 주장하는 세력들이 시변(시민과 함께하는 변호사들), 자변(자유와 통일을 향한 변호사 연대), 행변(행복한 사회를 위한 변호사 모임), 헌변(헌법을 생각하는 변호사 모임) 등의 단체들을 만들었습니다.

이들 단체는 좌파 교육감 반대라든지, 종북좌파 척결이라든지, 박근혜 대통령 탄핵 반대 같은 주장을 하는데, 단체 명칭대로라면 그들은 '시민과 함께' '자유와 통일' '행복한 사회'를 고민하고, '헌법을 생각하는' 변호사들입니다. 그런데 저 역시 '시민과 함께' '자유와 통일' '행복한 사회'를 고민하며 '헌법을 생각'하고 있는데, 헌변이나 자변 소속 변호사들이 말하는 헌법과 제가 이야기하는 헌법은 많이 다릅니다. 그것이 헌법이 가진 정치적인 속성일 수도 있고 법이 오남용되는 사례일 수도 있으니 여러분들이 판단해주시면 좋겠습니다.

헌법이 대한민국의 근간과 기초를 이루고 있다는 것에 대해서 좀더 이야기를 해보겠습니다. 우리가 일상에서 당연히 그럴 거라고 생각하는 일들이라도 왜 그런가 따지기 시작하면 이유를 말하기 어려운 경우가 있습니다. 우리나라의 이름인 대한민국도 그렇습니다. 대한민국이라는 국호가 어떻게 생겨났는지를 생각해본 적이 있으십니까?

대답은 여러 가지일 수 있습니다. 옛날에 대한제국이 있었지요. 그래서 다음에 들어선 정부를 대한민국이라고 불렀던 걸까요? 아니면 중국의 정식 명칭인 중화인민공화국 혹은 타이베이에 수도가 있는 중국, 옛날에 자유중국이라고 불렀고 지금은 대만이라고 부르는 나라의 정식 명칭인 중화민국에서 '민국'이라는 단어를 따와서 대한민국이라고 했던 것일까요?

정답은 있습니다. 헌법에 대한민국이라고 나오기 때문입니다. 그렇다면 헌법에는 왜 대한민국이라는 국호를 넣었을까요? 헌법은 어느 날 갑자기 뜬금없이 생긴 게 아니라 대한민국 임시정부 시절부터 갖춰놓은 헌법에 바탕을 두고 있습니다. 소위 광복절을 건국절이라고 불러야 한다고 주장하는 분들은 대한민국 임시정부가 무슨 나라였느냐고 주장하고, 심지어 임시정부를 만든 사람은 국적이 중국이었다느니 하는 소리를 하는데, 임시정부 시절에도 헌법을 만들고 국가의 틀을 갖췄습니다.

대한민국 임시정부와 그 헌법이 성립된 사상적 배경은 당연히 1919년 3·1운동에서 찾아볼 수 있습니다. 중고등학교 역사 시간에 배워서 모두 알고 있는 내용이지요. 국내외 2000만 동포가 참여한 거족적인 민족운동을 일으키고 독립을 외친 것은, 단순히 일제강점에 대한 항의 내지 반항을 넘어 새로운 국가질서를 만들어내기 위한 헌법제정 권력의 성격을 띠고 있다는 것이 학계의 평가입니다.

이처럼 과거 대한제국을 넘어서 새로운 국가의 독립을 열망한 3·1운동의 성과는 1919년 3월 17일 러시아에서 대한국민의회(결의안, 대통령제), 같은 해 4월 11일의 상하이 임시정부(대한민국임시헌장, 의원내각제), 같은 해 4월 23일의 한성정부(한성정부약법, 집정관총재제) 등의 형태로 정부를 수립하는 것으로 이어집니다. 각 임시정부는 결의안, 대한민국임시헌장, 한성정부약법 등의 이름으로 헌법질서를 만들었고, 각각 대통령제, 의원내각제, 집정관총재제라는 헌정체제를 구성했습니다. 이 세 임시정부는 다시 같은 해 9월 11일에 상하이임시정부의 개헌형식(통합헌법, 제1차 개헌)으로 대한국민의회를 흡수하고 한성정부와 통합하여 하나의 정부로 모아집니다.

그 뒤 대한민국 임시정부는 환국할 때까지 임시헌법을 제정하고, 다섯 차례의 헌법 개정을 했습니다. 그때마다 '헌장' '약법(約法)' '헌법' '약헌(約憲)' 등으로 이름이

달라지기도 했지요. 헌법 개정을 하면서 가장 크게 달라진 점은 정부를 어떻게 구성하느냐 하는 것이었습니다. 실제로 1차부터 5차까지 개정할 때마다 매번 정부의 구성 형태가 달라졌습니다. 대통령제(대한민국임시헌법-제1차 개헌), 국무령제(國務領制: 대한민국임시헌법-제2차 개헌), 국무위원제(대한민국임시약헌-제3차 개헌), 주석제(主席制: 대한민국임시약헌-제4차 개헌), 주·부석제(대한민국임시헌장-제5차 개헌)까지, 실로 다양한 형태였습니다. 이렇듯 대한민국 임시정부는 환국할 때까지 장장 27년이라는 기간 동안 국내외 동포들에게 잃어버린 나라를 대신하는 말 그대로 '임시정부'였습니다. 바로 그 믿음을 바탕으로 대한민국 임시정부는 독립운동을 전개한 것입니다.

이러한 임시정부의 법통을 이어 제헌의회에서 헌법을 기초하신 분들이 가장 중요하게 생각한 용어가 있습니다. 바로 '인민(人民)'입니다. 제헌헌법의 기초를 쓴 유진오도 처음에는 "대한민국의 주권은 대한인민 전체에 재(在)함"이라고 했습니다. 제1조 외의 다른 부분에도 국민

대한민국 헌법은 대한민국 임시정부 시절부터 갖춰놓은 헌법에 바탕을 두고 있습니다.

이 아니라 인민이라고 표현했습니다. 우리는 피플(people), 시티즌(citizen)을 구분하지 않고 보통 국민이라고 쓰고 있는데, 사회과학적으로는 다 다른 말입니다.

피플은 백성(百姓)으로, 시티즌은 시민(市民)으로 번역할 수 있습니다. 백성이란 양반과 구별되는 피지배계층을 말하고, 신민(臣民)은 신하와 백성을 포함하는 개념입니다. 예를 들어 영의정은 백성은 아니고, 신민에는 포함됩니다. 국민은 국가의 구성원을 말합니다. 즉 왕도 포함되는 것이지요. 시민은 국가의 주권자를 말합니다. 근대의 국가 개념에 따르면, 왕은 시민에 포함될 수 없습니다. 인민은 사람 그 자체를 말합니다. 그러니까 사회과학적인 관점에서 보면 "대한민국의 모든 권력은 국민으로부터 나온다"는 말은 "대한민국의 주권은 대한인민 전체에 재함"이라는 유진오의 표현에 비해 함량이 떨어질 수밖에 없습니다.

천부인권설이라는 말이 있습니다. 사람의 권리는 하늘로부터 받았다는 뜻인데, 요즘에는 이 말을 쓰지 않아야 한다는 쪽으로 의견이 모아지고 있습니다. 인권은 누구에게 받는 것이 아니라, 사람으로 태어나면서부터 자연스럽게 따라오는 권리이기 때문입니다. 천부인권을 굳이 말씀드리는 이유는 권력은 누군가 우리에게 쥐여주는 것이 아니기 때문에 우리가 우리의 주권을 제대로 행사하려면 시민으로서, 인민으로서의 생각과 자세가 최종적인 해법이 될 수밖에 없다는 말을 하기 위해서입니다. 다시 한번 강조하면 개인의 권리는 누군가 내려주는 것도 아니고, 잃어버렸을 때 누군가 찾아줄 수 있는 것도 아닙니다. 주권자로서의 정당한 권력 역시 마찬가지입니다. 유진오가 기초한 헌법 초안을 좀더 살펴보겠습니다.

제1조

① 조선은 민주공화국이다.

② 국가의 주권은 인민에게 있고, 모든 권력은 인민으로부터 발한다.

어떻습니까? '조선' '인민' 등의 표현 외에는 현재 대한민국 헌법과 큰 차이가 없지 않습니까? 인민이라고 표현한 것은 앞서 말씀드렸듯 당시에는 인민이라는 말이 적합한 용어였다고 생각했기 때문입니다. '조선'이라는 말은 당대에 널리 알려진 우리나라를 일컫는 용어였습니다.

그런데 국호 제정 과정에서 각 정치세력은 저마다 자신들의 세력에 유리한 국호를 내걸었습니다. 해공 신익희는 '한국', 유진오는 '조선민주공화국', 김규식과 여운형은 '고려공화국'을 주장했습니다. 열띤 토론 끝에 헌법기초위원회 주관으로 투표에 붙인 결과 '대한민국'이 17표로 1등, 고려공화국이 7표로 2등, 조선민주공화국이 2표로 3등, 한국이 1표로 4등을 했다고 합니다. 그 결과에 따라 우리나라의 국호가 대한민국으로 정해진 것입니다.

미군정 때에도 헌법 초안이 제시되었습니다. 물론 영어로 작성되었는데, 내용은 대한민국 임시정부의 헌법이나 제헌헌법과 다르지 않습니다. 대한민국의 역사라고 하는 것, 대한민국 임시정부라고 하는 것이 건국절을 주장하는 사람들이 말하듯이 형식만 있는 끊어진 역사가 아니었다는 점을 헌법적 측면에서도 확인할 수 있다는 사실을 다시 한번 강조하고 싶습니다.

　　대법원 중앙 현관에는 정의의 여신상이 서 있습니다. 그리스 신화에서 디케(Dike) 혹은 아스트라이어(Astraea)로 불리는 신입니다. 로마 신화에서는 유스티치아(Justitia)라고 부르지요. 여러분도 아시다시피, 저스티스(정의, justice)라는 단어가 유스티치아에서 유래됐다고 합니다. 우리 대법원의 정의의 여신상은 서구적인 여신을 한국적으로 형상화했다고 하는데, 그래서인지 유럽에서 일반적으로 보는 정의의 여신상과는 조금 다른 모습입니다.

　　유럽을 여행하다보면 광장 등에서 이 정의의 여신상을 흔히 만날 수 있는데, 실제로 대법원 중앙 현관에 서 있는 정의의 여신상과는 많은 차이가 있습니다. 우선 복장이 다릅니다. 우리나라 대법원의 정의의 여신상은 한복을 입고 있습니다. 그 외에 가장 차이가 나는 부분은 눈을 가렸느냐 안 가렸느냐 하는 것입니다. 대법원에 있는 정의의 여신상은 눈을 가리고 있지 않습니다. 그리고 양손에 들고 있는 물건에서도 차이가 납니다. 유럽의 정의의 여신상은 주로 칼과 저울을 들고 있는데, 대법원의 정의의 여신상은 두꺼운 책과 저울을 들고 있습니다. 물론 유럽의 정의의 여신상 중에 눈을 가리지 않거나, 다른 물건을 들고 있는 것도 있습니다.

정의의 여신상이 어떤 모양을 하고 있든지 그것이 표현하고자 한 뜻은 분명합니다. 이름 그대로 정의를 지키는 수호자로서의 모습을 형상화한 것입니다. 그런데 유럽에서 흔히 볼 수 있는 정의의 여신상과 우리 대법원의 정의의 여신상의 형태가 다르다보니, 구체적인 부분에서는 달리 해석을 하기도 합니다.

우선 유럽에서 흔히 볼 수 있는 정의의 여신상이 눈을 가리고 있는 것은 당사자의 신분이나 지위 고하를 가리지 않겠다는 의미입니다. 그런 후에 저울이라는 엄정한 잣대로 심판하겠다는 뜻입니다. 가린 눈과 저울은 형평성이나 공정성을 뜻하는 것이지요. 그리고 칼로 엄단하겠다는 의미를 담고 있습니다.

그렇다면 대법원 중앙 현관의 정의의 여신상은 어떤 뜻을 담고 있을까요? 왜 정의의 여신이 눈을 뜨고 있을까요? 이 사실이 바로 우리 대법원이 가지고 있는 딜레마인데, 대법원과 일부 판사들은 정의의 여신상에 대해 이렇게 말합니다.

우리나라의 정의의 여신은 눈을 떠서 당사자의 사정을 세세하게 살피고 헤아리며, 그런 후에 저울에 달아서 공정하고 형평성 있는 판단을 해보다가, 그래도 부족하면 책을 펼쳐서 열심히 공부하고 연구해서 정확한 판결을 내린다.

그간 여러 강연 자리에서 정의의 여신상에 대한 대법

원 판사들의 이러한 해석을 들려주었는데, 그때마다 웃음이 터져나왔습니다. 사람들이 왜 웃었는지는 여러분도 아마 알고 계실 것입니다. 일반 사람들이 생각하는 것과 큰 차이가 있기 때문입니다. 대다수 사람들은 이렇게 생각하고 있는 것 같습니다.

우리나라의 정의의 여신은 당사자의 신분과 지위를 확인해서 봐줄 사람인가 아닌가를 식별한 후에, 형식적으로 저울에 다는 척을 하다가, 손에 든 장부를 보고 나한테 뭘 갖다준 사람인지 아닌지를 확인한 다음 심판한다.

어떻습니까? 후자가 더 설득력 있게 들릴 듯한데, 바로 이 점이 대한민국 사법의 가슴 아픈 현실입니다. 왜 사람들이 이렇게 생각하게 되었을지에 대해서 지금이라도 법률가들 모두가 고민을 해야 합니다.

이 문제를 정확하게 이해하려면 그간의 대한민국 법

눈을 가린 정의의 여신과 눈 뜬 정의의 여신.

치의 역사를 생각해봐야 합니다. 우리가 경험했던 사법 현실에서 법은 대기업 총수나 정부 고위직 인사들에게 공정한 잣대를 들이댔을까요? 예를 들어보겠습니다. 정부의 고위 인사가 대기업 총수에게 특혜를 주려 한 정황이 분명히 드러났는데, 그 일을 주도한 장관 등 정부 고위 인사와 특혜를 받은 기업인은 교묘하게 빠져나가고, 대신 시킨 대로 일을 한 실무자만 구속되었으며, 심지어 이 일에 대해 문제제기를 한 내부고발자까지 구속이 되었다고 한다면 사람들은 이렇게 생각할 것입니다. '내가 법은 잘 모르지만 이건 그냥 단순하게 생각해봐도 논리적으로 납득이 안 된다. 아마도 대기업 총수의 이름이 법원 장부에 적혀 있기 때문이겠지'.

판사들이 대법원에 있는 정의의 여신상을 비아냥거리는 사람들에게 "우리는 당사자의 사정을 살펴 엄정하게 판결을 내린다"라고 아무리 이야기해도, 사람들이 받아들이지 않는 데는 이런 이유가 있는 것입니다. 백날 진심을 알아달라고 이야기해도, 현실로 받아들여져야 일반적인 상식으로 통용이 되는 것이지요.

일반인들이 가진 법률가에 대한 인상은 영상매체에서 드러난 그들의 모습에서 가장 잘 살펴볼 수 있습니다. 영상매체에 드러난 모습은 사실이나 현실과 동떨어진 허상입니다. 하지만 그것이 일반인들의 시각이기에 쉽게 무시하기란 어렵습니다. 예를 들어 변호사는 항상 가방을 들고 다닙니다. 안경을 끼고 나이가 들어 보이는 사람이 회장님 옆에 서 있거나, 회장님 자손들을 찾아다니죠. "회장님이 돌아가시기 전에 유언장을 남기셨는데…" 하는 것들이 주요 대사입니다. 가끔 인권 변호사나 민변 변호사들도 등장하는데, 대개 머리도 안 빗은 꾀죄죄한 모습입니다. 사무실은 늘 지저분하고, 소파에서 자다가 직원이 깨우면 일어나서 어리바리하는 사람으로 묘사가 됩니다.

검사라고 하면 우선 젊습니다. 늙은 검사는 절대 안 나옵니다. 게다가 항상 머리에 뭘 바른 단정한 모습에 안경은 무테나 얇은 금테를 씁니다. 그리고 자기보다 나이든 사람에게 반말 투로 말을 하면서 손가락질을 하기도 합니다. 일은 거의 하지 않습니다. 그 대신 옷을 말끔하게 빼입고 이 사람 저 사람 만나다가 일찍 퇴근해서는 외제차를 타고 다니면서 여자와 데이트하는 사람으로 묘사가 됩니다. 아마 대다수 사람들은 싸가지 없고 건방진 인상에 피의자를 앞에 두고 "이것들이 호의가 계속되면 권리인 줄 알아!" 하는 대사를 내뱉는 캐릭터가 검사라고 생각하고 있을 것입니다.

판사는 어떻습니까. 가장 눈에 띄지 않지만 캐릭터만큼은 분명합니다. 가운을 입고 앉아서 대사도 없이 화면에 배경으로 등장합니다. 저도 영화감독을 몇 분 아는데, 저희처럼 연기력을 신뢰할 수 없는 사람을 카메오로 출연시킬 때 제일 만만한 게 판사 역입니다. 아무것도 하는 게 없기 때문이지요. 물론 배경으로는 꼭 필요합니다. 법원에 없어서는 안 되는 인물이기 때문입니다.

실제 변호사, 검사, 판사 분들은 영상매체에서 드러난 정형화된 모습에서 느끼는 바가 많아야 합니다. 만약 사법이 제대로 작동하고 있다면 변호사, 검사, 판사는 이런 모습이 되어야 합니다. 변호사는 항상 당사자의 목소리에 귀를 기울이고 그 사람의 편이 되어 최선을 다해 변론하는 모습으로, 검사는 밤낮 가리지 않고 악을 몰아내기 위해서 헌신하고 수면 부족 탓에 충혈된 눈으로 고민하며 범인을 추궁하는 모습으로, 판사는 고민하고 고뇌하면서 어떻게 하면 오판하지 않고 신의 뜻에 부합한, 인간의 양심에 부합한, 법의 정신에 부합한 판결을 할지에 대해 성찰하고 공부하는 모습으로 나와야 정상입니다. 그게 아니다 보니 한국적 정의의 여신상이라고 이래저래 설명을 해봤자 웃음거리밖에 안 되는 것입니다.

변호사, 검사, 판사들이 일반인들에게 친근하게 비치지 않는 까닭은 그들이 직업적 소명의식을 발휘하기보다는 권위만을 내세우는 사람들로 여겨지는 탓입니다. 법률가들이 사용하는 복잡한 용어와 제도들이 법률가에게 전문가로서의 권위를 부여합니다. 변호사, 검사, 판사에 대한 허상은 사법제도 자체가 만들어내고 있기도 한 셈입니다.

하지만 그다음이 문제입니다. 복잡한 법률용어들이 단순히 권위를 부여하는 데 그치지 않고 일반인들이 눈치채지 못하는 방법으로 권력자들을 옹호하고 자신의 기득권을 유지하는 데 도움을 준다는 점을 놓쳐서는 안 됩니다. 대표적인 것이 '기소유예'를 내릴 수 있는 검사의 특권인데, 그 법률적 근거는 검사의 기소독점주의, 기소편의주의에서 찾을 수 있습니다.

낯설고 어려운 말들이니 간단한 법률 상식부터 차근차근 설명해보겠습니다. 제도에 대해 어느 정도 이해를 한다면, 검사들이 어마어마한 특권을 가지고 있다는 사실을 분명하게 알 수 있을 거라는 생각에서입니다.

'용의자, 피의자, 피고인, 기소, 불기소, 고소, 고발'. 신문을 보면 많이 나오는 단어들입니다. 글자 하나씩 바꾸면서 말장난하는 것 같다고 여겨질 것입니다.

'용의자, 피의자, 피고인'부터 간단하게 설명하자면, 용의자가 입건이 되면 피의자, 피의자가 기소가 되면 피고인이 됩니다. 그러니 법정에서 재판을 받는 사람은 피의자가 아니라 모두 피고인입니다. 기소가 되어야 법정에 세울 수 있기 때문입니다.

기소에는 구공판과 구약식이 있습니다. 구공판은 검사가 정식으로 재판에 회부해 피고인이 법원에 직접 출석하여 재판을 받아야 하는 경우고, 구약식은 검사가 벌금을 적어서 법원으로 보내면 판사가 도장을 찍어서 약식명령을 내는 경우입니다. 법정에서 재판을 받지 않고 벌금만 내는 음주운전자에 대한 기소가 대표적인 구약식 사례입니다. 물론 구약식일 때도 당사자가 재판을 원하면 받을 수 있습니다.

불기소는 검사가 기소를 안 하는 경우인데, 기소를 할지 말지 결정할 수 있는 권한은 검사에게만 있습니다. 이것을 기소독점주의라고 합니다. 기소를 안 하는 경우는 여러 가지인데, 우선 '혐의 없음'은 그야말로 조사 결과 죄가 없을 때에 해당합니다. '죄가 안 됨'은 정당방위나 긴급피난처럼 상대를 다치게 하거나 재산상 손해를 끼쳤지만, 그 행위가 자신이나 다른 이를 보호하기 위함이므로 죄가 되지 않는 경우입니다. '공소권 없음'은 쌍방이 합의를 해서 처벌을 원하지 않거나, 고소를 해야만 처벌할 수 있는 친고죄에서 나중에 상대방이 고소를 취하했을 때에 해당합니다.

이것까지는 모르셔도 되는데, 법률 상식인 셈치고 고

소와 고발에 대해서도 말씀드리겠습니다. 흔히들 '억울하면 고소해' '억울하면 고발해'라고 하는데, 고소와 고발의 구분은 굉장히 쉽습니다. 피해를 입은 사람이 가해자를 처벌해달라고 하면 고소, 피해를 당한 것을 본 주변 사람이 하면 고발입니다. 더욱 쉽게 폭력 사건에 비추어 맞은 사람이 하면 고소, 맞는 것을 본 사람이 하면 고발이라고 기억하시면 되겠습니다.

조금 어려운 이야기를 했는데, 이제 본론으로 돌아가겠습니다. 검사의 특권 중 가장 문제가 되는 기소유예를 이야기하기 위해서 먼 길을 돌아왔습니다. 유예(猶豫)는 일본식 한자인데, 미룬다는 의미입니다. 유예에는 집행유예, 선고유예, 기소유예가 있는데, 유예 삼형제 중에 제일 좋은 것이 기소유예입니다. 기소유예가 되면 사건은 그 순간 종결됩니다. 그래서 변호사는 의뢰인이 기소유예 처분을 받게 하면 성공보수가 올라갑니다. 기소유예는 '죄는 있는데 그냥 봐준다'는 것과 다르지 않습니다. 기소유예의 판단도 검사만 할 수 있습니다. 조금 어려운 말로

'기소편의주의'라고 합니다. 봐주고 싶은 사람은 봐주고, 봐주기 싫으면 정식 기소를 해서 구공판을 하는 거죠. 만약 죄를 지은 사람이라면, 검사가 생사여탈권을 쥐고 있는 셈입니다.

기소유예가 특히 정치적 사건에 활용되면 여러 가지 문제를 낳습니다. 모두가 그런 것은 당연히 아니지만, 소위 '정치검사'라고 불리는 사람들에게 이 기소유예는 엄청난 무기입니다. 예를 들어 어떤 정치인이 뇌물죄나 선거법 위반 혐의를 받고 있을 때 여당 쪽 정치인이라면 기소유예 혹은 기소를 하더라도 혐의 없음 의견을 내고, 야당 쪽 정치인이라면 정식 기소를 해서 재판에 회부하는 식입니다. 뉴스에서 이런 경우를 많이 보도하니까 사람들이 검찰이나 사법부가 정치권력에 휘둘리고 형평성을 잃었다는 얘기를 하는 것입니다.

악질적인 기소유예가 또 있습니다. 분명히 죄가 없는 사람에게 기소유예를 내리는 것입니다. 죄가 없다면 당연히 혐의 없음이라고 해야 하는데, 피의자를 해코지하려고 기소유예를 내리는 것입니다. 죄는 있는데 봐준다는 식이 되니까, 특히 정치 쪽으로 장래를 꿈꾸는 사람에게 기소유예는 치명적일 수밖에 없습니다. 예전에는 기소유예를 받은 사람이 죄가 없으니 다시 재판해달라고 할 방법이 없었습니다. 다행히 요즘에는 헌법재판소에 가서 헌법소원을 할 수 있습니다. 헌법재판소가 다루는 사건 중에 60~70퍼센트가 기소유예에 관한 헌법소원일 만큼 기소유예는 항상 오남용의 위험을 갖고 있으면서 검사의 권세를 확장하는 도구가 되고 있습니다.

검찰에 있는 대부분의 검사는 경찰이 송치한 사건을 처리합니다. 송치는 수사를 마친 경찰이 기소 여부를 묻기 위해 검사에게 최종 결정을 요청하는 것을 말합니다. 기소독점주의, 즉 검사만이 기소를 할 수 있기 때문입니다. 경찰이 송치한 사건을 맡는 검사들을 흔히 형사부 검사라고 합니다. 그런데 수사는 검찰도 할 수 있습니다. 검찰이 어떤 단서를 보고 수사를 해야겠다고 판단하면, 이를 법률용어로 '인지'라고 하는데, 이런 사건은 검사가 직

검찰의 힘은 수사를 안 하는 것에서 나온다고 보는 게 맞습니다.

접 수사하기도 합니다. 특수부, 공안부 등에 소속된 검사들이 대표적입니다. 여기서 일하는 검사를 인지부서 검사라고 합니다. 소위 정치검사 혐의를 받는 검사들은 대표적인 인지부서 검사입니다.

직접 수사에 착수할 수 있는 힘이 있는 인지부서 검사가 형사부 검사보다 권력이 더 막강한 것은 당연합니다. 그런데 인지부서 검사가 수사를 열심히 하기 때문에 권력이 센 것은 아닙니다. 많은 사람들이 검찰의 힘이 수사를 하는 데서 나오는 것으로 생각하는데, 검찰의 힘은 수사를 안 하는 것에서 나온다고 보는 게 맞습니다. 해야 하는 걸 반드시 하면 그걸 처리하는 의무기관이 되기 때문에 이른바 '끗발'이 생기지 않습니다. 해야 되는 걸 안 하는 데서 힘이 생기는 겁니다.

권력자의 편에서 그의 죄를 덮어주었을 때, 그 대가로 자신의 지위가 보장된다는 것을 정치검사들은 잘 알고 있습니다. 이 대목에서 우리는 정치의 영향력에서 검찰과 사법부가 자유로워질 가능성을 발견할 수 있습니다. 검찰과 사법부가 정치적인 영향에서 벗어나기 위해서, 법이 우선이냐 정치가 우선이냐 하는 오랜 물음에 법이 우선이라고 대답하기 위해서라도 검찰은 수사를 해서 죄를 밝히는 본연의 의무에 충실해야 합니다. 지극히 당연한 일인데, 지금까지 많은 부분에서 그러지 못했다는 점이 안타까울 따름입니다.

한때 민주화 투사였던 김영삼 전 대통령은 장관 스무 명도 검찰총장과 바꾸지 않겠다는 말을 남기기도 했습니다. 정치권력과 검찰의 관계를 상징하는, 그리고 검찰권력의 비대화를 그대로 웅변하는 사례라고 생각합니다.

우리나라의 법체계는 대륙법계에 속합니다. 잘 아시는 것처럼 대륙법계에 속한 프로이센의 법을 주로 베낀 일본의 법체계를 받아들였기 때문입니다. 우리나라는 1960년대 초반까지 법률이 제대로 구성되어 있지 않았고, 민법조차 없었습니다. 그때를 의용민법 혹은 구민법 시대라고 하는데, 1960년 1월 1일 전까지는 그냥 일본 민법을 사용했습니다. 1945년에 해방되고 1948년에 새로운 정부가 수립된 이후에도 민사 법정에서 일본법으로 재판을 한 것이지요. 법학 교과서도 일본 학자들이 쓴 교과서를 베낀 것이고, 법률용어들도 일본에서 가져다 썼습니다.

세계에서 통용되는 법체계는 크게 영미법계와 대륙

법계로 나눌 수 있습니다. 그 차이를 쉽게 구분하자면, 법전이 있고 직업 법관이 재판을 하면 대륙법계, 법전 없이 판례를 중심으로 재판하고 배심원 제도를 두면 영미법계라고 할 수 있습니다. 대륙법계의 특징은 직업 법관의 권위를 강조한다는 것입니다. 그러다보니 공권력에 대한 신뢰가 바탕에 깔려 있습니다. 국가가 항상 우월하다는 생각이 들어 있지요. 그리고 조서의 증거능력을 중요하게 생각합니다. "밥은 먹었나요?" "먹었습니다" "비아그라는 왜 구입했나요?" "고산병 때문에 샀습니다" 하는 식으로 문답으로 구성된 것을 조서라고 하는데, 피의자 신문조서, 참고인 진술조서 등이 있습니다.

피의자 신문조서를 줄여서 '피신'이라고 하는데, 경찰이 작성한 피의자 신문조서는 피의자가 법정에 가서 그 내용을 인정할 수 없다고 하면 바로 휴지가 됩니다. 경찰이 뭐라고 썼든 간에 피의자가 인정하지 못하겠다고 하면 그건 증거로 쓸 수가 없습니다. 그런데 검찰의 피의자 신문조서는 피의자가 부인해도 쓸 수가 있습니다. 어떤 건

되고 어떤 건 안 된다는 점이 이상하게 보일지 모르지만, 이런 차이를 둔 데에는 나름의 사정이 있습니다.

제헌의회에서 헌법을 논의하는 과정에 참여한 사람들 대다수가 경찰한테 권한을 주면 안 된다는 데 뜻을 모았습니다. 제헌헌법을 만들던 분들이 대개 독립운동을 했는데, 이들은 일제강점기에 경찰에 의해 큰 고통을 겪었던 사람들입니다. 당연히 경찰한테 권한을 주면, 경찰은 고문을 해서 자백을 받으려 할 거라 여겼습니다. 그에 비해 검사는 그래도 더 배웠고 고시도 통과했으니까 그들에게 권한을 줘서 경찰이 고문하고 자백을 강요하는 나쁜 짓을 통제해야 한다고 생각을 했습니다. 그래서 대한민국 검찰이 세계적으로 유래가 없는 막강한 권한을 가지게 된 것입니다. 어떻게 보면 이런 결정을 내리게 된 배경도 비극이지만, 검찰에게 권한을 준 것 역시 비극입니다. 그 결과 검찰이 한국현대사에서 괴물로 자라나게 되었기 때문입니다.

검찰이 모범으로 삼을 만한 인물이 역사에 있었다면

좋았겠지만 그렇지도 않았습니다. 법조계에는 소위 법조 삼성이라 불리는 세 분이 계십니다. 초대 대법원장을 지낸 가인 김병로와 법원장을 지낸 사도법관 김홍섭, 그리고 나머지 한 분은 김구 암살사건의 배후를 밝혀낸 검사장 화강 최대교입니다. 법원은 김병로와 김홍섭 두 분의 흉상을 만들고 홍보 영상도 제작해서 이를 널리 자랑하고 알리기도 합니다. 물론 이들에 대한 평가는 여럿일 수 있습니다.

법원은 그나마 두 분이 있는데 대한민국 검찰에서는 이승만의 압력에 저항한 최대교 한 분을 제외하면 표상을 찾기가 어려웠습니다. 대한민국 검사 중에 불의에 항거하고 정의를 세우기 위해서 온몸을 불살랐던 사람이 아무리 찾아봐도 드물다는 뜻이기도 하니, 시민의 한 사람으로서 정말 분개할 만한 일입니다.

검찰은 어떻게든 법원에 꿀리지 않아야 한다는 생각에서 반드시 두 명을 맞추려 했습니다. 하지만 대한민국 현대사에서 귀감이 될 만한 검사를 더는 발견하기 어려웠던 모양입니다. 그래도 억지로 한 분을 더 찾아내기는 했습니다. 헤이그 만국평화회의에 참석했던 이준 열사가 본보기가 되는 검사라며 제시했습니다.

그런데 이준 열사가 검사를 했다는 소리는 금시초문일 것입니다. 검찰에 따르면 대한제국 시절에 잠깐 검사를 했다고 하는데, 토지를 강탈한 왕족에게 징역 10년형을 구형하는 등 백성에게는 관대하고 부패 관료에게는 엄격한 지조 있고 배짱 좋은 검사였다고 합니다. 하지만 이런 행동이 귀족들에게는 눈엣가시가 되었고 결국 탐관오리들의 중상모략으로 2개월 만에 검사직을 그만두게 되었다는 것입니다. 그러고 보면 검찰도 어떻게 하는 게 올바르고 정의로운 것인지 아주 모르지는 않는 것 같습니다. 하지만 현실에서 권력에 굴종하는 정치검찰의 모습은 별반 나아질 기미가 없습니다.

어떻든 그런 이유로 검찰은 이준 열사 흉상을 만들어 세워놓았습니다. 하지만 권력에 굴종한 후배 검사들 때문에 대법원 중앙 현관에 있는 정의의 여신상처럼 딱한 처지가 됐지요.

그런데 경찰은 그마저도 없습니다. 노덕술을 하겠습니까, 하야시를 하겠습니까. 기념할 사람이 없는 것입니다.

대한민국의 정의를 수호하는 사정기관이라고 하는 곳에서 정의를 수호하기 위해 헌신한 귀감을 찾지 못하고 있다는 것은 정말 안타까운 현실입니다. 그러다보니 검찰은 기소독점주의, 기소편의주의, 검사동일체의 원칙을 최대한 활용해서 엄청난 괴물이 되고, 스스로 정치집단이 되어가고 있습니다. 내가 봐줘야 하는 사람은 마음대로 봐줄 수 있고, 그걸 봐줬다고 해서 시비 걸 사람도 아무도 없습니다. 황당한 일입니다.

괴물로
자라난
검찰

무소불위의 검찰권력이 제도적으로 어떻게 보장될 수 있는지 좀더 살펴보겠습니다. 천하의 나쁜 사람을 고소해서 수사를 받게 하더라도, 검사만이 기소할 권한을 갖고 있기 때문에 검사는 불기소처분, 즉 공소를 제기하지 않을 수 있습니다. 그렇게 되면 피의자는 혐의가 사라지게 되고, 만약 구속된 상태라면 곧바로 풀려납니다. 물론 검사가 불기소처분을 내렸다고 해도 재수사를 할 수 있고, 고소한 사람이 이를 받아들이지 않으면 항고를 할 수도 있습니다. 그런데 다음에도 검찰은 또다시 기각을 시킬 수 있습니다. 같은 검찰이니까 항고를 했다고 해서 받아줄 이유가 없는 것입니다.

검사에게 기소독점주의가 있는 한 억울한 일을 당해서 고소를 한 사람은 그 억울함을 풀 방법이 없습니다. 그래서 만들어진 것이 재정신청 제도입니다. 재정신청은 검찰을 건너뛰고 바로 법원에 할 수 있습니다.

재정신청이 세상에 알려진 계기가 된 대표적인 사건이 부천서 성고문 사건입니다. 경찰관이 학생운동을 하다 잡혀온 여학생을 취조하는 과정에서 성고문을 한 천인공노할 사건입니다. 그런데 당시 검찰은 성까지 혁명의 도구로 이용하는 좌경운동권 학생의 악질적인 소행이라고 발표하고, 오히려 피해자를 공문서 위조죄로 처벌했습니다. 위장취업을 하기 위해 주민등록증 사진을 바꿨다는 이유였지요. 가해 경찰은 문귀동이라는 사람이었는데 성고문 부분은 혐의 없음으로 처리되고, 고작 폭언 등이 있었을 뿐이라며 기소유예 처분을 받았습니다.

억울한 희생자만 남긴 채 묻힐 수 있었던 부천서 성고문 사건은 조영래 변호사와 천주교 정의구현전국사제단 덕분에 다시 세상에 알려지게 되었고, 문귀동에 대한 재정신청이 받아들여져서 재판이 이뤄졌습니다. 그때는 법원이 지정한 공소유지 담당 변호사가 검사 역할을 했습니다. 즉 변호사가 문귀동을 처벌하는 역할을 수행했지요. 이것이 바로 재정신청 제도입니다. 기소독점주의의 폐해를 상쇄할 수 있는 방안으로 마련된 제도인 셈입니다.

그 당시 재정신청 제도가 있다고 해서 모든 사건에 대해 재정신청을 할 수는 없었습니다. 재정신청을 할 수 있는 범죄를 몇 가지로 한정해두었던 탓입니다. 이 말은, 즉 정해진 범죄에 속하지 않는 것들은 검사가 마음대로 해도 어떻게 할 도리가 없다는 뜻입니다.

그래서 참여정부의 사법개혁법안에서는 재정신청 대상 범위를 법 전체로 확대하는 방향으로 법을 개정하려고 했는데, 그 뒤에 더욱 황당한 일이 벌어졌습니다. 검사들이 국회 법제사법위원회에 가서 엄청난 로비를 벌인 것입니다. 이 부분이 바로 법과 정치가 만나는 지점입니다. 재정신청 제도 확대가 받아들여지면 검찰의 권한이 줄어들게 되니, 검찰로서는 기를 쓰고 이걸 막으려고 했습니다.

당시에는 재정신청 제도를 확대해야 한다는 광범위한 여론이 있었습니다. 그래서 검찰은 재정신청 제도 확대는 받아들이되, 국민들이 잘 알지 못하는 세세한 부분에 자신들에게 유리한 내용을 집어넣었습니다.

재정신청이 받아들여지면 기소와 똑같은 효력이 생깁니다. 바로 형사재판이 열리는데, 그때 공소유지를 담당하는 사람은 앞서 부천서 성고문 사건에서 언급한 것처럼 변호사입니다. 그런데 재정신청 제도 확대 내용을 담은 개정안에는 변호사가 아니라 검사가 공소유지를 수행한다고 되어 있습니다. 첫 번째 고소를 검사들이 불기소 처분하고, 항고를 해도 검사들이 받아들이지 않아서 하는 것이 재정신청입니다. 검사를 거치지 않고 곧바로 법원에 가서 재정신청을 하고 겨우 받아들여져 재판을 받을 수 있게 되었는데, 그 재판에 나온 사람이 또 검사인 것입니다. 고소를 한 입장에서 이것만큼 억울한 일이 어디 있겠습니까. 만약 이렇게 바뀐 제도에서 부천서 성고문 사건의 재정신청 후 재판이 이뤄졌다면 그 결과가 좋지 않았으리라는 것은 불 보듯 뻔한 일입니다.

당시 국회가 검사들의 로비를 왜 받아들였는지 의문
이 들 것입니다. 국회를 설득할 때 검찰은 '객관의무'라는
것을 들이댔습니다. 객관의무란 검사가 자신의 주관적인
판단만으로 죄가 있다고 주장할 게 아니라, 죄가 있는 것
같아서 기소를 해봤는데 죄가 없는 것 같으면 죄가 없다
고 규명할 책임까지 검사에게 있음을 뜻하는 용어입니다.
뭔가 맞는 말인 것 같기도 하고, 그렇지 않은 말인 것 같기
도 하지요? 사실 말은 그럴듯합니다. 그런데 현실적으로
황당하게 들리지 않나요? 나를 기소한 검사가 재판에 가
서 보니까 내가 무죄인 것 같으니, 나에게 죄가 없다고 주
장한다는 것인데, 일반인들이 생각하는 검사 이미지에서
크게 벗어나는 일일 것입니다.

형사소송법 교과서에는 검사 개개인은 공익의 대표
자로서 객관의무를 가진 독립된 국가기관이라고 쓰여 있
습니다. 검사는 객관의무의 책임이 있다고 배우고, 시험에
객관의무에 대한 내용이 나오면 공익의 대표자로서 죄가

없는 사람을 기소했을 때는 그 죄 없음까지 밝혀줘야 한다고 답을 쓰지만, 실제 그렇게 하는 검사가 없습니다.

대부분의 사건에서는 수사검사와 공판검사가 다릅니다. 수사하는 검사와 법정에 나가는 검사가 다르다는 의미입니다. 그런데 중요한 사건, 정치적으로 의미 있는 사건, 반드시 쳐내야 될 검찰의 원수라거나, 수뇌부가 봤을 때 해코지를 할 사람이라면 수사검사가 재판에 들어갑니다. 이 경우를 소위 '직관', 즉 직접 관여한다고 합니다.

수사검사가 무리하게 기소를 한 경우라면, 공판검사는 무리하게 기소했다는 것을 분명히 알 수 있는데, 그래도 절대로 무죄 의견을 내지는 않습니다. 게다가 수사검사가 직관하는 사건이라면 무리하게 했는지 아닌지를 판단할 사람도 없는 셈입니다. 그러니 더더욱 검사 입에서 무죄 주장이 나올 수가 없습니다.

그러면 대한민국 법정에서는 검사가 무죄를 구형한 적이 단 한 번도 없느냐 하면, 그건 아닙니다. 재정신청이 받아들여진 사건에서는 무죄를 구형합니다. A에게 피해를 당해 B가 고소를 했는데, 처음 소송에서도 항소심에서도 검사가 잘못된 처분을 해서 A가 무혐의로 풀려난 사건이 있다고 해봅시다. 그래서 B가 검사의 잘못된 처분을 바로잡아달라고 하는 것이 재정신청입니다. 법원이 재정신청을 받아들였는데, 공소유지를 담당하는 사람은 변호사가 아닌 검사입니다. 그리고 그 검사가 무죄구형을 합니다. 현재 사법체계가 이렇습니다. 거짓말 같지 않습니까? 설마 우리나라가 그 정도 수준일까 싶지요? 하지만 이것이 현실입니다.

검사들은 조직의 구성 원리를 봐도 다른 의견을 내기가 어렵습니다. 검사동일체의 원칙이라는 말을 들어보셨는지요? 한마디로 '검찰총장부터 말단 평검사까지 한 몸과 같다'는 것입니다. 그 명분은 수사와 기소에 있어서 검사 개인의 자의적 권한 행사를 막는다는 건데, 프랑스에서 유래해 일제강점기에 우리나라에 도입됐습니다. 이는 결국 검찰 조직의 피라미드형 계층 구조에 따른 상명하복(上命下服)으로 이어지는데, 검찰 조직과 검찰 개개인은 모두 이 원칙의 적용을 받습니다.

쉽게 풀어서 이야기하면 전국의 검찰은 검찰총장을 정점으로 상명하복의 관계로 묶인 한 몸으로서 절대 떨어질 수 없다는 뜻입니다. 이런 이유로 검찰총장은 검찰 조직에 소속된 개개 검사의 일을 자신이 맡아서 처리할 수 있고, 누군가 맡고 있는 일을 다른 검사가 처리하도록 지시할 수 있습니다. 검사 개개인은 독립된 사법기관이기에 누가 하든지 공평무사(公平無私)하게 일을 처리할 수 있다는 게 근거입니다.

더욱 쉽게 풀어서 이야기하면 검사 A에게 어떤 정치인이 관련된 뇌물 사건을 맡겼는데 A가 기소를 하지 않고 버틴다면, 검찰총장은 이 사건을 검사 B에게 다시 맡겨서 기소하게 할 수 있다는 뜻입니다.

검찰은 2003년 12월 검찰청법 개정으로 검사동일체의 원칙을 일부 수정하여 폐해가 없다고 강변하지만, 검사 집단 내에서는 여전히 암묵적인 정서로 자리하고 있으며 실제로 작동하고 있습니다. 그것도 합법적으로 말입니다. 과거 「PD수첩」 광우병 보도에 관한 기소를 거부하다 사직한 임수빈 검사의 예를 생각하면 쉽게 알 수 있습니다. 검찰은 이 사건을 다시 배당해서 기소했고, 결국 재판에서 무죄 판결을 받았습니다. 하지만 이 사건과 관련하여 수뇌부를 포함한 검사 누구도 처벌받거나 책임지지 않았고 오히려 승진했습니다.

법원이
굴러가는
방식

　　이번에는 법원을 한번 살펴보겠습니다. 법원은 입법부, 행정부, 사법부 중에 사법부에 속해 있습니다. 여기까지는 다 아시는 내용일 텐데, 그다음 내용도 알고 계신지 모르겠습니다. 사법부의 가장 큰 특징은 셋 중에서 유일하게 선거로 선출되지 않은 권력이라는 것입니다. 사법 권력도 권력인데 사법부는 왜 국민이 선출하지 않는 걸까요? 그건 대의민주주의의 부작용을 막기 위해서입니다.

　　대통령은 직접 선거로 선출됩니다. 입법부인 국회를 구성하는 국회의원도 국민들이 선거를 통해 뽑습니다. 선거라는 특성상 대통령이나 국회의원은 모두 가장 많은 표를 받은 사람입니다. 소속된 정당이 소수파일 수는 있지만 뽑힐 때는 다수의 지지를 받았다는 의미입니다. 그리고 결과적으로 여당은 다수당이 되는 경우가 대부분입니다. 이렇게 되면 국가권력은 항상 다수파가 장악하는 결과가 나옵니다. 소수파는 항상 소외되는 것이지요.

다수결이 민주주의에 부합하는 옳은 원칙일 순 있는데, 반드시 그런 건 아닙니다. 다수의 의견이 틀릴 수도 있습니다. 역사적으로 그러한 경험을 하기도 했습니다.

전세계를 전쟁으로 몰아넣은 히틀러가 쿠데타로 총통이 된 것이 아닙니다. 히틀러는 선거를 통해 다수의 지지를 얻어 집권한 사람입니다. 당시 독일 사람들은 히틀러의 연설에 감동받았고, 그가 총통이 된다면 독일을 위대하게 만들 수 있을 것이라고 생각했습니다. 오늘날 정치의 풍경과 크게 다르지 않았다는 이야기입니다. 히틀러를 흔히 독재자라고 하는데, 그가 한 모든 행위는 법에 근거하고 있습니다. 이를 위해 히틀러는 굉장히 치밀하게 법을 만들고 정비했습니다.

다시 본론으로 돌아갑시다. 민주주의 원리에 따라 국

가를 입법부, 행정부, 사법부로 국가권력을 분리시켜 통치한다고 할 경우, 그 모든 권력을 선출된 사람에게 맡기면 다수의 전횡이 그대로 통하는 사회가 될 수밖에 없습니다. 그래서 사법권을 선출되지 않는 권력으로 만들어, 법률전문가들이 독립된 위치에서 헌법과 법률 그리고 직업적 양심에 따라 판단하라고 한 것입니다. 그렇기에 대법원장도 국민이 선거로 뽑자는 주장은 민주주의 원칙에 부합하는 것 같지만 아닐 수도 있습니다.

사법부는 태생적인 사명이 소수자의 억울함을 풀어주고, 그들을 보호하는 것입니다. 그런데 오늘날 사법부가 움직이는 모습은 그렇지 않습니다. 다수의 눈치를 보고 힘 있는 사람 위주로 가고 있기 때문에 정의의 여신상이 웃음거리가 되고 있는 것입니다.

그렇다면 국민들이 선거로 뽑지 않은 권력기관인 사법부는 어떻게 구성되어 있을까요? 쉬운 것부터 이야기해보겠습니다. 사법부에 속하는 사람은 대법원장과 대법관과 판사로 구분됩니다. 재판에 관여하는 사람은 다 법

사법부는 태생적인 사명이 소수자의 억울함을 풀어주고, 그들을 보호하는 것입니다.

관입니다. 그런 이유로 대법원장, 대법관, 판사는 다 법관입니다. 그런데 모든 판사는 법관이지만, 대법원장과 대법관은 판사는 아닙니다.

우리나라 대법원의 대법관은 13명입니다. 대법관은 모두 재판에 참여하지만, 대법원의 수장인 대법원장은 재판에 좀처럼 참여하지 않습니다. 가끔 전원합의체 판결이라는 것을 할 때 대법원장이 참여를 합니다. 대법원장까지 참여하면 14명이고, 7 대 7이 나올 수도 있는데 왜 짝수로 구성을 했을까요? 그것은 대법관 중에 한 사람이 재판을 하지 않기 때문입니다. 그 사람은 법원행정처장으로, 직책 그대로 법원의 행정업무만 합니다. 법원행정처장이 빠지면 대법관은 전부 12명이 되는데, 이 12명이 4명씩 3개 재판부를 구성하고 있습니다.

대법원의 재판부 4명 중에 1명이라도 의견에 찬성하지 않으면 전원합의체로 회부됩니다. 그러면 대법원장까지 해서 13명으로 홀수가 되니까 그때부터는 판단할 수 있는 것입니다.

부서에서 4명의 전원합의가 이뤄지지 않는 경우 외에도 전원합의체에 회부되는 경우는 또 있습니다. 4명의 의견이 일치하는데 과거 대법원 판례와 다를 때도 전원합의체로 갑니다. 그리고 굉장히 중요한 사건이라서 전원합의체로 가야 한다고 판단해도 갑니다. 따지고 보면 전원합의체로 갈 사건이 굉장히 많은데, 대법원이 자체적으로 판단을 해서 아주 특별한 경우가 아니면 잘 열리지 않습니다.

전원합의체가 열리면 먼저 주심 대법관이 정해집니다. 그 사람이 사건에 대해 설명을 합니다. 이후 대법관이 차례대로 의견을 이야기하게 되는데, 대법관 서열이 제일 낮은 사람, 즉 최근에 임명된 대법관부터 자기 의견을 밝힙니다.

가장 치열하게 논의가 전개된다면 6 대 6이 되겠죠? 그러면 마지막에 대법원장이 어느 한쪽에 섬으로써 결론이 납니다. 캐스팅 보트(casting vote)가 바로 대법원장의 권위인 셈입니다. 그런데 중간에 이미 7 대 4가 됐고, 마지막

남은 사람이 소수의견을 택해서 7 대 5가 되었다고 한다면, 대법원장은 자기 의견이 소수의견과 같다고 생각하더라도 7에 가서 붙습니다.

대법원장이 왜 다수의견에 서는지 이해가 가나요? 그렇게 해야만 대법원이 가지고 있는 무오류성, 법적인 안정성을 지킬 수 있다고 생각하기 때문입니다. 그래서 전원합의체의 결과가 8 대 5는 많아도 대법원장이 소수의견으로 들어가는 7 대 6은 절대 없습니다.

헌법재판소는 이와 조금 다릅니다. 헌법재판관은 9명인데, 헌법재판소장이 8 대 1 중에 1이 되는 경우도 있습니다.

헌법재판소 재판관 9명, 대법관 13명은 모두 똑같이 장관급입니다. 그런데 대부분의 판사들은 헌법재판관보다 대법관이 되기를 더 바랍니다. 일반인들이 보기에 권위나 하는 일 면에서 헌법재판관이 훨씬 더 나아 보이는데도, 판사들이 헌법재판관보다 대법관을 선호하는 까닭은 사건의 양이 대법원에 더 많기 때문입니다. 즉 전관예

우를 받는다면, 퇴임 후 변호사 개업을 했을 때 맡을 수 있는 사건이 더 많다는 뜻입니다. 이런 이유로 대법관은 변호사 개업을 하지 못하도록 해야 한다는 이야기가 나오고 있습니다. 의식 있는 대법관들은 이미 퇴임 후 변호사 개업을 하지 않는 것으로 이를 실천하고 있기도 합니다.

헌법과 법률에 따라, 법관 개개인의 양심에 따라 정의로운 판결을 해야 한다고 하지만, 사법부에 정치적 고려가 전혀 없다고 주장하기란 어렵습니다. 우리나라뿐만 아니라 모든 나라에 적용되는 말입니다.

예를 들어 미국 연방대법원의 대법관은 9명이고 종신직입니다. 즉 스스로 물러나겠다고 하지 않는 이상 죽을 때까지 대법관 직을 유지합니다. 또한 이들은 보수, 진보, 중도의 균형을 맞추도록 되어 있습니다. 그래서 어느 대법관이 사임하거나 별세해서 자리가 비게 될 때에는 공화당과 민주당이 서로 자신들에게 맞는 인물을 앉히려고 치열하게 다투는 일이 벌어지기도 합니다. 법이 법대로만 작동한다면 왜 민주당과 공화당이 싸우겠습니까. 법이 법대로만 작동하는 것이 아니기 때문이지요. 미국의 이러한 사례만 보더라도 사법부에 정치적인 고려가 작동한다는 걸 극명하게 알 수 있습니다.

미국의 연방대법관에 해당하는 우리나라의 헌법재판관도 9명이고, 미국과 마찬가지로 정치적인 고려가 작용합니다. 그런데 우리나라의 헌법재판관 임명 방법은 미국과 조금 다릅니다. 대통령이 3명, 대법원장이 3명을 임명하고, 나머지 3명은 국회에서 선출하는데 여당과 야당, 그리고 여야 합의로 각 1명씩 선출합니다. 우리나라의 정치 환경에서 이렇게 하면 보수, 진보, 중도의 균형이 맞추어졌다고 할 수 있는 것인지 모르겠습니다. 각자 한번 생각해보시기 바랍니다.

근원적인 차원에서도 의문은 남습니다. 법관이 직업적 양심에 따라서 정의로운 판결을 하면 될 텐데, 왜 보수, 진보, 중도에 따라 헌법재판관 숫자를 맞추는 것이 필요할까요? 상식적으로 생각해서 모든 판사들이 공정하고 정의롭게 판결을 내린다면, 그중에서 능력 있는 사람이 헌법재판관을 하면 됩니다. 그런데 보수, 진보, 중도를 따진다는 것은 법관 개개인은 모두 철학이 있고, 정치적인 고려를 하기 때문에 판단의 저울이 기울 수 있음을 인정한다는 의미입니다. 그러니 만약 누군가가 법원이 절대적으로 공정하고 정의로운 것처럼 얘기한다면, 그 말을 곧이곧대로 믿어서는 곤란합니다. 오히려 중요한 것은 저울의 균형을 맞추기 위해 제도적인 장치뿐만 아니라 주권자인 국민이 끊임없이 견제를 해야 한다는 점입니다.

법관의
출세 루트

아마 일반인들이 가장 궁금해하는 것 중 하나가 판검사는 어떻게 임용되고, 어떠한 과정을 거쳐서 고위직으로 승진하느냐 하는 것이리라 생각합니다. 영업비밀까지는 아니지만, 그 이야기를 한번 해보겠습니다.

임용에 있어서 가장 중요한 것은 성적입니다. 임용을 위해 우선은 사법시험 성적과 사법연수원 성적을 합쳐서 등수를 매깁니다. 등수가 나오면 성적이 좋은 사람부터 "나는 법원 지원하겠다" "나는 검찰 지원하겠다" 하고 지원서를 씁니다. 판사 티오가 100명이라고 하면 1등부터 100등까지 판사를 하고 101등부터 200등까지 검사를 하는 것이 아니고, 100등 안에 든 사람 중에도 검사를 하고 싶은 사람이 있으면 검사로 빠질 수 있는 것이지요. 그러다 보면 판사 100명을 뽑아도 120등이나 130등까지 판사가 되고, 검사는 180등까지 되고 하는 식입니다.

사법시험을 치고 임용되는 사람이야 자기 성적을 다 아니까 당연히 한 줄로 세울 수 있는 셈인데, 그렇다면 사법부 구성원들도 한 줄로 세울 수 있을까요? 아마 제일 앞은 대법원장이겠지요. 그다음에는 누가 설까요?

군대라면 한 줄로 세울 수 있습니다. 이등병이라도 같은 이등병이 아닙니다. 같은 달에 들어간 이등병이라도 서열이 있습니다. 하루라도 먼저 들어온 사람이 선임이 되는 것이죠. 같은 날 들어왔다고 해도 상관없습니다. 군번이 빠른 사람이 서열이 높다고 정했기 때문입니다.

그런데 놀라운 건 판사들도 한 줄로 세울 수 있다는 사실입니다. 이 점만 보면 검사보다 오히려 더 심합니다. 기수별로 성적이 있어서 자기 앞뒤가 누군지 알기 때문이지요. 그리고 그 성적에 따른 서열대로 발령이 납니다. 그걸 또 한눈에 볼 수 있게 법원조직도에도 서열을 반영해

놓았습니다. 일반인들이야 그러려니 하고 보겠지만, 전국의 판사들은 다 알고 있는 사실입니다. 그럼 다음 면의 법원조직도를 한번 보겠습니다.

서울고등법원 아래로 서울중앙지방법원, 서울가정법원, 서울행정법원이 있고, 그다음에 동부, 남부, 북부, 서부라고 되어 있죠? 혹시 방향을 말할 때 동남북서라고 하는 사람이 있는지 모르겠습니다. 다들 동서남북이라고 할 것입니다. 그런데 왜 이렇게 썼을까요? 검찰청도 마찬가지입니다. 서울중앙지방검찰청 다음에 동남북서 순서로 되어 있습니다. 이것이 바로 서열입니다. 1등은 서울중앙지방법원, 그다음은 동부, 다음은 남부, 북부, 서부 이런 순서대로 발령을 받습니다. 의정부, 인천, 수원, 춘천지방법원까지 이런 식으로 발령을 받습니다. 그다음 순서는 대전, 청주 식으로 쭉 이어집니다. 수원지방법원까지 발령이 난 경우를 경판(京判)이라고 합니다. 초임지가 수도권인 판사들을 1등급으로 묶은 셈입니다. 경판에 상대되는 말로 향판(鄕判)이 있습니다.

대법원

대법원 — **한법재판소**

법원행정처 — 법원공무원 교육원
사법연수원 — 법원 도서관

서울고등법원	대전고등법원	대구고등법원	부산고등법원	광주고등법원	특허법원

서울중앙지방법원 · 서울가정법원 · 서울행정법원 · 서울동부지방법원 · 서울북부지방법원 · 서울남부지방법원 · 서울서부지방법원 · 의정부지방법원 · 인천지방법원 · 수원지방법원 · 춘천지방법원 · 대전지방법원 · 청주지방법원 · 대전가정법원 · 대구지방법원 · 대구가정법원 · 부산지방법원 · 울산지방법원 · 창원지방법원 · 부산가정법원 · 광주지방법원 · 전주지방법원 · 광주가정법원 · 제주지방법원

고양지원 · 부천지원 · 성남지원 · 여주지원 · 평택지원 · 안산지원 · 안양지원 · 강릉지원 · 원주지원 · 속초지원 · 영월지원 · 홍성지원 · 공주지원 · 논산지원 · 서산지원 · 천안지원 · 충주지원 · 제천지원 · 영동지원 · 안동지원 · 경주지원 · 포항지원 · 김천지원 · 상주지원 · 의성지원 · 영덕지원 · 서부지원 · 동부지원 · 진주지원 · 통영지원 · 밀양지원 · 거창지원 · 마산지원 · 목포지원 · 장흥지원 · 순천지원 · 해남지원 · 군산지원 · 정읍지원 · 남원지원

대검찰청

법무부파견검사	서울고등검찰청	대전고등검찰청	대구고등검찰청	부산고등검찰청	광주고등검찰청

서울중앙지방검찰청 · 서울동부지방검찰청 · 서울남부지방검찰청 · 서울북부지방검찰청 · 서울서부지방검찰청 · 의정부지방검찰청 · 인천지방검찰청 · 수원지방검찰청 · 춘천지방검찰청 · 대전지방검찰청 · 청주지방검찰청 · 대구지방검찰청 · 부산지방검찰청 · 창원지방검찰청 · 울산지방검찰청 · 광주지방검찰청 · 전주지방검찰청 · 제주지방검찰청

고양지청 · 부천지청 · 성남지청 · 여주지청 · 평택지청 · 안산지청 · 안양지청 · 강릉지청 · 원주지청 · 속초지청 · 영월지청 · 홍성지청 · 공주지청 · 논산지청 · 서산지청 · 천안지청 · 충주지청 · 제천지청 · 영동지청 · 안동지청 · 경주지청 · 김천지청 · 상주지청 · 의성지청 · 영덕지청 · 서부지청 · 동부지청 · 진주지청 · 통영지청 · 밀양지청 · 거창지청 · 마산지청 · 목포지청 · 장흥지청 · 순천지청 · 해남지청 · 군산지청 · 정읍지청 · 남원지청

대법원 및 대검찰청 조직도

소위 경판은 초임 발령이 나면 수도권에서 4년을 근무합니다. 서울중앙지방법원부터 수원지방법원까지 2년, 그 아래의 지원에 가서 2년, 지방에 가서 3년을 근무하고, 다시 서울로 올라옵니다. 그런데 초임지가 비수도권 지역인 향판들은 거꾸로 각 지방법원에서 3년, 그 아래 단위의 지원에서 4년, 수도권에서 3년, 그리고 다시 지방으로 내려갑니다. 그러다가 계속 지방에만 있겠다고 하면 해당 고등법원 관내만 돌아다닙니다. 이러한 부류의 판사들을 지역법관이라고 합니다.

그런데 특이한 게 있습니다. 등수대로 법원조직도의 왼쪽에서 오른쪽 순서로 발령을 받는다면, 광주지방법원, 전주지방법원, 광주가정법원에 이어서 가장 오른쪽에 있는 제주지방법원에 가는 사람이 꼴등일 것 같은데, 그렇지가 않습니다. 꼴등은 전주지방법원에 부임합니다. 제주도는 휴양지고, 높은 사람들이 자주 가기 때문입니다. 거짓말 같지만, 사실입니다. 어떻든 이런 이유로 법원 사람들은 기수별로 초임지가 어딘지만 보면 대충 상대의 등수가 가늠이 됩니다.

그러다가 고등법원 부장판사부터 갈리게 됩니다. 소위 별을 단다고 할 만한 직위에 오르게 되는 셈입니다. 기업체라면 임원, 공무원이라면 3급, 검사라면 검사장이 되는 것을 흔히들 별을 단다고 표현합니다. 고등법원 부장판사는 1등부터 순서대로 되는 게 아니고, 발탁 인사라고 해서 기수별로 몇 명씩만 뽑습니다. 이때부터는 먼저 뽑히는 사람의 서열이 앞서게 됩니다. 예를 들어 A가 사법연수원 15기인데 2005년에 고등법원 부장판사가 됐고, B는 14기인데 2006년에 고등법원 부장판사가 됐다면, 부장판사부터 A의 서열이 앞서는 것입니다.

별을 다는 것이니만큼 고등법원 부장판사부터 관용차가 지급됩니다. 차관급 대우를 받는 것입니다. 지방법원 부장판사는 없습니다. 그리고 이때부터 장관급인 대법관이 될 수 있는 가능성이 생깁니다. 대법관이 언제 되느냐에 따라서 서열이 또 바뀝니다. 고등법원장을 하다 대법관이 되는 사람이 있고, 고등법원 부장판사를 하다가 되는 사람이 있는데, 대법관도 먼저 되는 사람이 서열이 앞서게 됩니다.

법원의 풍습 중에 자신들은 창피하지 않다고 생각하지만 우리가 보면 웃긴 게 있습니다. 서초동에 12시에 가면 판사인지 아닌지를 금방 알아볼 수 있습니다. 이마에 판사라고 쓰고 다니지도 않는데 말이죠.

법정에는 3명의 판사가 앉아 있습니다. 가운데가 재판장인데, 이 사람이 부장판사입니다. 그리고 부장판사 양옆에 2명의 판사가 앉는데, 재판장 오른쪽에 앉은 우배석 판사가 상서열입니다. 좌배석 판사가 말석 판사입니다. 법정 밖에서도 이 세 사람은 세트로 다닙니다. 밥 먹으러 갈 때도 재판장이 약간 앞서 걷고, 좌배석 판사는 왼쪽, 우배석 판사는 오른쪽에서 벗어나지 않습니다. 삼각형으로 다닙니다. 점심시간에 서초동에서 삼각형으로 다니는 양복 입은 사람들은 전부 판사라고 생각하면 됩니다.

법원행정처장을 포함해서 대법관이 13명 있다고 했는데, 당연히 대법관도 서열이 있습니다. 대법원 건물이

15층인데, 그중 네 개 층에 3명씩 방을 배정받습니다. 3명이 같은 층을 쓰는데, 항상 서열이 제일 높은 사람이 가운데 방을 씁니다. 서열이 제일 높은 사람이 먼저 임기를 마치고 방을 빼도 이 원칙은 바뀌지 않습니다. 가운데 방이 비어 있다고 새로 온 사람이 그 가운데 방에 들어가지 않습니다. 전부 다 이사합니다. 그만큼 서열을 중요하게 생각하기 때문이지요. 그 서열이라는 게 뭔지, 정말 눈물 나는 이야기입니다.

서열을 이토록 중요하게 생각하는 조직이다보니 고등법원 부장판사가 될 때까지 판사들은 엄청나게 경쟁을 합니다. 고등법원 부장판사, 줄여서 고등부장이 되는 것이 판사들의 조직생활 목표가 됩니다. 예전에는 한 기수에서 고등법원장이 1명 나오면 그걸로 끝이었고, 나머지는 법원에서 나와 변호사 개업을 했습니다. 이러한 인사방식이 문제가 있다고 해서 요즘에는 다르게 운영되고 있습니다. 예를 들어 2016년에 고등부장 승진 인사를 한다고 하면, 주된 대상인 21기에서 10명, 그리고 20기에서 3명 정도,

22기에서 4명 정도 하는 식으로 분산을 시킵니다. 즉 1차, 2차, 3차 진급이 생긴 것이죠.

판사들 입장에서 보면 세 번의 기회가 생겼으니 좋은 것 같지만 마냥 그렇지는 않습니다. 승진시키는 사람에게 "내 말을 잘 들어라. 내 말을 잘 들어야 너한테 다시 한번 기회가 생긴다" 하는, 판사들을 길들일 수 있는 강력한 칼자루를 쥐게 된 것과 다르지 않습니다. 판사가 3차에라도 승진하려면 소위 정치판결이라는 것을 해야 할 수도 있는 것이지요.

실명을 거론하기는 힘들지만, 누가 봐도 승진을 할 사람이 아닌데 눈에 띄는 정치판결을 통해 고등부장 자리를 꿰찬 사람이 있습니다. 또 3차까지 버티다 마지막 해에 정권의 눈에 들어 고등부장 자리에 오른 사람도 있습니다. 이 강의가 끝난 후에 여러분이 법원조직도도 보고, 신문도 다시 본다면 그런 사람이 누군지 잘 아실 수 있을 거라고 생각합니다.

물론 모든 조직에서 불합리하고 부정한 인사관행이

있는 것 아니냐고 한다면 할 말이 없지만, 공정한 재판을 해야 하는 법원에서 이러한 일이 벌어진다는 것은 큰 문제가 아닐 수 없습니다. 사실 모든 조직이 그렇다는 말도 불변의 진리가 되어서는 곤란하기란 매한가지입니다.

그럼에도 서열이 있으니까, 법원 안에서는 어떤 사람이 고등부장이 될지 대충 알고 있습니다. 또 고등부장에 오르려면 판사생활을 20년 정도 해야 하니, 조직 안에서도 어느 정도 평판들이 쌓여 있기 때문에 저절로 알게 됩니다. 여러분도 법원 조직을 조금만 이해한다면 법원의 누가 고등부장이 될지를 짐작할 수 있습니다. 고등부장에 가기 전 거쳐야 하는 핵심 요직이 그 열쇠입니다.

고등법원 부장판사가 될 수 있는 좋은 자리, 소위 핵심 요직은 서울행정법원의 부장판사입니다. 서울가정법원은 아닙니다. 그리고 서울중앙지방법원의 형사부에는 합의부가 있고 항소부가 있는데, 단독판사들이 하는 사건이 항소가 되면 고등법원으로 가는 게 아니라 지방법원 항소부로 갑니다. 법원의 일상적인 업무를 하는 곳이지요. 이런 일상적인 업무를 하는 서울중앙지방법원 형사항소부 판사는 특별한 자리가 아닙니다. 형사합의부 부장판사, 이 자리가 여러분이 보는 뉴스의 사건을 다루는 사람입니다. 예를 들어 '최순실 재판' 같은 것을 맡는 곳입니다. 이런 곳에 있는 사람들이 고등부장이 될 가능성이 높습니다.

그리고 서울행정법원에 있는 사람들은 국가나 권력기관을 상대로 하는데 여기의 부장판사들, 그리고 법원행정처에서 근무하는 부장판사들이 고등부장이 됩니다. 향판들은 배려용으로 한 번씩 고등부장 승진 인사를 합니다. 경판이 고등부장이 될 확률이 월등히 높다보니 판사들이 경판, 향판을 따지는 겁니다. 또 서울중앙지방법원에 영장전담 부장판사가 두 명이 있는데, 그 자리도 아주 잘나가는 자리입니다.

서울중앙지방법원 형사합의부장 내지는 서울행정법원 부장판사가 되어야 고등부장으로 승진할 가능성이 높아진다고 했는데, 왜 그 자리가 요직이 되는지에 대해서는 깊이 생각해볼 필요가 있습니다. 고등부장의 징검다리에 해당하는 자리이기 때문에 우리 법원이 헌법과 양심에 따라 독립적으로 판결하는 공정한 판사들을 뽑아서 그 자리를 맡길까요? 절대 그렇지 않다고 할 수는 없겠지만, 그 자리가 요직인 이유는 다른 데 있습니다. 이 부서들의 공통점은 정치적으로 민감한 사건들이 많이 간다는 것입니다.

예를 들어 4대강 사업에 대한 소송은 서울행정법원에서 하겠지요. 대통령이나 대통령 측근의 비리나 뇌물죄에 대한 재판은 형사합의부에서 할 것입니다. 이러한 부서의 꼭대기에 앉은 사람들에게 권력이 요구하는 건 단 하나입니다. '센 놈들이 오니까, 정치적으로 잘 판단하라'는 것입니다. 그리고 그 사건을 '어떻게 하는지 봐서 널 승진시켜준다' 하는 것이죠. 만약 대법원 판결이 잘못됐다고 글을 썼다면 서울중앙지방법원 형사합의부는 절대 안 시켜줄 것입니다.

독립성을 생명으로 하는 사법부의 특성상 법관들이

이처럼 승진에 목을 매고 그런 자리에 가기 위해 신경을 쓴다는 건 참 바람직하지도 않고, 그걸 보는 국민들 입장에서는 화가 나는 일입니다. 문제는 이러한 상황을 만들고 즐기는 권력자가 있다는 것이지요. 최근 벌어진 법원행정처의 '사법부 블랙리스트' 의혹이나 대법원장의 제왕적 인사권의 문제 등 사법개혁에 관한 법원 내 국제인권법학회의 학술대회 축소 압박 시도 등도 다 이와 무관하지 않은 일입니다.

현재의 법원행정처는 법관의 인사와 사법부의 예산에 관한 전권을 틀어쥐고 법관들을 통제하는 조직으로 못된 자리매김을 하고 말았습니다. 소위 '엘리트' 법관들의 출세 코스로 인식되는 것도 사실이지요. 앞서 말씀드린 요직에 가는 사람들을 다 법원행정처 출신으로 배치하고, 그 사람들이 승진해서 다시 법원행정처로 들어오고 나중에 대법관이 되는 시스템이 은연중에 정착되고 말았습니다. 선진국에서는 비슷한 예를 찾아볼 수 없고 오로지 일본만이 우리와 비슷한 시스템을 갖고 있는데, 그 내부의 문제를 폭로한 일본 법관의 책 『절망의 재판소』가 한국에서 출간되기도 했습니다. 이 책을 읽어보면 아시겠지만, 어쩌면 우리와 이리 닮았을까 싶어 슬퍼집니다. 아직도 우린 일제강점기에 이식된 사법 시스템에서 벗어나지 못하고 있는 셈이니까요.

　다행히 뜻있는 판사들이 이 문제를 끊임없이 연구하고 지적하고 있으니 곧 새로운 대법원장이 임명되면 좋은 방향으로 개선이 이루어지기를 바랄 뿐입니다.

검사의
출세 루트

　이번에는 검찰입니다. 검찰 인사는 법원과 달리 대도시순으로 발령이 난다는 것이 특징입니다. 1등이 서울중앙지방검찰청(서울중앙지검)을 가고 2등부터 서울 동남북서 지검을 성적순으로 채우고, 다음은 부산, 대구 등 대도시 순으로 가는 것이지요. 이렇게 발령을 받은 사람들은 1년이나 2년 있다가 지청으로 가고, 다시 그곳에서 1년 있다가 옮기는데, 검찰에서는 세 번째 임지가 중요하다고 합니다. 세 번째에 서울중앙지검에 들어와야 합니다. 그래야 검사로서 장래가 있는 것입니다. 세 번째인데 서울남부지검을 갔다면, 결혼을 해서 법무부장관이나 검찰총장 장인을 두지 않는 이상은 검사장이 될 가능성이 없는 것이지요. 막말처럼 들리지만, 검찰에는 '사위족'이라는 것이 있습니다. 실제로 검사들끼리 앉아서 "내가 검사장 딸이랑 결혼했으면 지금 서울중앙지검에 있는 건데" 따위의 소리를 합니다.

서울중앙지검에서의 근무 여부가 검사의 경력에 얼마나 중요하느냐 하면, 그걸 통해서 특정 검사가 조직에 오래 남을 수 있을지 없을지를 판단할 수 있습니다. 서울중앙지검에 한 번이라도 근무한 경험이 있으면 앞으로도 희망이 있지만, 그렇지 않다면 검찰 조직에서 출세하기란 물 건너간 일입니다.

서울중앙지검에 들어가지 못하는 검사는 굉장히 많습니다. 그들은 검찰 조직 내에서 일반 검사로 계속 돌게 됩니다. 일반 조직에서는 어느 정도가 되면 으레 이런 사람을 내보내고 싶겠지요. 검찰도 내보내고 싶은 마음에 계속 돌리는 것입니다. 그래서 전주 사람을 창원지검에 보내고, 다음에는 울산지검에 보내고 하는 식으로 발령을 냅니다. 그리고 이제 수도권으로 보내주겠지 하면 제주도로 보내는 식으로 끈질기게 돌립니다. 나갈 때까지 이렇게 합니다. 그러면 어느 때인가 검사직을 놓게 되는데, 이렇게 해도 나가는 사람이 갈수록 줄어들고 있습니다.

검사들의 사정이 이러하니 그들은 무슨 수를 써서라도 서울중앙지검에 들어가려고 합니다. 영혼을 팔아서라도 말입니다. 검찰이 권력기관이고 정치집단의 속성을 갖다보니 이들에게 주어지는 사건들은 정치적으로 민감한 사건들입니다. 그리고 권력은 이 사건들을 어떻게 처리하느냐에 따라 검사들의 처우가 확연히 달라진다는 것을 명확하게 보여줌으로써 검사들을 길들입니다.

가령 서울중앙지검에 몇 년 있으면 지방검찰청으로 내려가야 하는 어떤 검사에게 검찰 수뇌부 혹은 현재 권력자의 정치적 생명에 결정적인 영향을 끼치는 권력형 비리 사건이 주어졌다고 합시다. 이 검사는 이런저런 이유로 사건을 불기소처분합니다. 일반 시민들이 정치검사라고 비난하고, 검찰 내부에서도 제대로 된 수사가 아니라는 반론이 터져나왔다고 합시다. 그런데 담당 검사가 이 사건 이후 지방검찰청으로 내려가지 않고, 게다가 본인의 세 기수 선배나 할 수 있는 서울중앙지검의 요직으로 발령을 받았다면, 인사에 목을 매고 있는 검사들은 어떤 생각을 하게 되겠습니까. 아마 '그렇군, 역시 이 조직에서 살아남으려면 저렇게 해야 하는 거구나' 하고 생각할 것입니다. 실명을 거론하지 않기 위해 에둘러 표현했지만, 이러한 일이 검찰 안에서 벌어지고 있습니다.

검찰이 권력기관이자 정치집단이 된 뿌리는 생각보다 깊습니다. 해방 후에 대해서는 앞서 이야기했고, 유신 시대의 정치 사건에 대해서는 잘 알고 있을 테니 소위 '문민정부'가 들어서고 난 이후의 검찰의 모습을 한번 살펴보겠습니다.

1995년 11월 30일 서울중앙지검에 12·12 및 5·18특별수사본부가 전격적으로 구성된 직후에 나온 유명한 말이 있습니다. 바로 "우리는 개다"입니다. "공무원은 영혼이 없다"에 필적할 만한 말입니다.

검사들이 스스로를 개로 비유한 배경은 이렇습니다.

"우리는 개다"가 나오기 전의 유명한 말은 "성공한 쿠데타는 처벌할 수 없다"였습니다. 이것 역시 검찰이 한 이야기입니다. 김영삼 정부가 들어선 이후 전두환, 노태우 전 대통령에 대해 '군 형법상의 반란 및 내란 목적 살인' 혐의로 고발이 있었고, 이어서 검찰에서 수사를 했습니다. 그리고 1995년 7월 18일 기소유예 처분을 하면서 담당 검사가 한 말이지요.

　이후로도 두 전직 대통령을 처벌해야 한다는 여론이 식지 않았지만, 검찰은 그전에 기소유예 처분을 내렸으니 일사부재리의 원칙상 안 된다고 주장했습니다. 그러자 김영삼 대통령은 '법은 정치의 시녀'라는 취지의 주장을 하며 밀어붙입니다. 그래서 특별법이 만들어지고, 12·12 및 5·18특별수사본부가 서울중앙지검에 설치된 것이지요.

　결과적으로 검찰은 한 입으로 두말을 한 것입니다. 그러니 기자들이 "성공한 쿠데타는 처벌할 수 없다면서, 왜 입장을 바꾼 거냐" "대통령 바뀌었다고 그런 거냐" 하고 따질 수밖에요. 여기에 검사들이 답을 하면서 나온 말이

성공한 쿠데타를 처벌할 수 없다던 검찰은
정권이 바뀌자 입장을 바꾸어 전직 대통령 두 명을 구속시켰습니다.

"우리는 개다, 물라면 물고 물지 말라면 안 문다"입니다. 얼마나 솔직하고 당당한 말인지요. 그리고 검사들은 그렇게 했습니다. 다 물어뜯었습니다.

노무현 정권이 들어서면서 검찰 독립에 대한 이야기가 나왔습니다. 우선 해방 후 반세기가 지났으니 검찰의 역량이 어느 정도 축적되었다는 이유를 들었습니다. 또한 권력의 입장에만 있던 검찰이 역사적 진전을 받아들이고 전직 대통령을 구속시키는 등 무엇을 해야 하고 안 해야 하는지에 대한 역사적 경험이 쌓였다고 판단을 했습니다. 검찰의 수뇌부는 오랜 악습에 젖어 있을 수도 있겠지만 적어도 그 밑의 평검사들은 올바른 판단을 할 수 있을 것이라는 믿음도 작용을 했습니다. 이런 공감대 속에서 검찰 독립이 추진되었지요.

그 이후 어떻게 되었을까요? 기대했던 것과는 완전히 다른 결과가 나왔습니다. 벤츠 검사, 제네시스 검사, 그랜저 검사 등 뇌물에 얽혀들었고, 성추문도 심심찮게 등장했습니다. 검찰은 바뀌지 않은 것이지요. 성공한 쿠데타는 처벌할 수 없다고 했던 사람은 그 뒤로도 잘나가는 검사로 활동하다 보수 정당에 들어가서 3선 국회의원까지 하며 승승장구했습니다.

노무현 정부가 그나마 검찰개혁을 위해서 무언가를 해본 정부라고 평가할 수 있겠지만, 차관급인 검사장 자리를 13개나 늘려줬습니다. 이때까지만 해도 검사장이 55명에서 51명, 49명, 41명으로 차츰 줄어들고 있었는데 54명으로 늘어났습니다. 검사장이 되려는 사람들은 권력의 눈치를 안 보려야 안 볼 수 없는 구조가 깨지지 않은 것입니다. 이래서야 어떻게 법이 정치를 심판할 수 있겠습니까.

검찰이 망가진 것을 모두 검찰의 탓으로만 돌릴 수는
없습니다. 정권이 검찰권력을 필요에 따라서 운영하고, 때
로는 그들에게 과도한 권한을 주기도 하며, 나아가 검찰
과 결탁해서 엉뚱한 사건을 조작하기까지 했습니다. 모두
엄연한 사실입니다. 그러다보니 수사와 재판이 원칙대로
정의에 입각해서 이루어지는 것이 아니라, 정치적인 고려
를 최우선으로 두는 경우가 생기는 것입니다. 원칙과 정
의는 약자에게만 적용되고, 강자에게는 정치적 고려가 적
용된 셈입니다. 이러한 상황에 대해 어느 대학의 법대 교
수가 이렇게 정리를 했습니다.

쌍용자동차의 파업이 온당했냐 아니냐, KTX 여승무원 해고가 정당했냐 아니냐, 4대강 사업이 절차를 지켰냐 아니냐, 이런 걸 보면 헌법이 제일 우선이고 그다음이 법률이고 마지막으로 자기 양심에 따라서 재판을 해야 되는데 자기 생각을 양심이라고 하면서 먼저 정해놓고 거기에 맞는 법률을 갖다붙이고 헌법은 쳐다보지도 않는다. 이게 대한민국 재판의 현실인 것 같다. 이걸 단순히 이 사람들의 책임으로만 물을 수 있을 것이냐. 사람의 문제냐, 제도의 문제냐, 정치 현실의 문제냐, 권력의 문제냐. 이걸 심각하게 고민하고 논의할 때가 왔다. 적폐청산은 여기서부터 시작해야 한다. 굉장히 중요하다.

나치가 패망하고 나서 독일은 판사들을 모두 잡아들여 처벌을 했습니다. 그들의 죄목은 법이라는 도구를 내세워서 국민을 탄압하는 선봉에 섰다는 것이었습니다. 독일은 판사들을 정리하지 않으면 새로운 국가를 만들 수 없다고 판단했던 것입니다.

우리에게도 어수선한 해방 공간과 유신이라는 반헌법적인 상황에서 법을 도구로 국민을 탄압하는 선봉에 섰던 법조인들이 많이 있었습니다. 오죽했으면 유신 시대의 판결을 두고 당시 한승헌 변호사가 '정찰제 판결'이라고 했겠습니까. 정찰제 판결은 당시 군사법정에서 검찰이 5년을 구형하면, 그 사람이 죄가 있든 없든 고문을 받았든 그렇지 않든 상관없이 검사 구형대로 판사가 5년을 선고했던 상황을 가리키는 말입니다. 그때도 고문하면 안 된다고 헌법에 써 있었습니다. 당시 판검사들이 나중에 문민정부가 됐을 때 전부 검찰총장이 되고 대법관이 되었습니다. 그 사람들 때문에 많은 사람들이 갇히고 죽어나갔는데 말입니다.

노무현 정부 때 진실·화해를 위한 과거사 정리위원회를 만들고 과거사 정리를 시작했습니다. 그러면서 우리 역사를 기록으로 남기기 위해서 유신 시절, 긴급조치 시절의 판결문을 간행하려고 했습니다. 그때의 판사들은 간

첩 누명을 쓴 사람의 호소에 귀를 막았고, 공부하는 학생들을 잡아들여 빨갱이로 둔갑시켜버린 사람들입니다. 그무도한 시절에도 판사들 중에는 고문당한 사람이 한 명도 없습니다. 인사상 불이익을 받는 정도였습니다. 그런데도 그들은 눈과 귀를 닫았던 것입니다. 그런 사람들 중에 지금도 호의호식하면서 세상의 고담준론(高談峻論)을 읊는 사람이 있습니다. 그들이 한 번이라도 무릎 꿇고 용서를 구하는 것을 본 적 있습니까. 검사는 스스로 "우리는 개다"라고 하니 그렇다치더라도, 개 이외의 사람들은 돼지라도 되어야 하는 것이지 않겠습니까.

그때의 판사들에게 사건에 대해 물어보면 다들 "법관은 판결로만 말합니다"라고 합니다. 그래서 그때의 판결문을 남기자고 하면, 판결문에서 자기 이름을 지우기 위해 난리법석을 떱니다. 판결로 말한다는 이가 판결에 이름을 빼면 뭐가 남는 것입니까. 그러고도 그들은 스스로를 정의와 인권 수호의 최후의 보루였다고 자부합니다. 심지어 사법부가 무너지면 나라가 무너진다고 하는데, 사법부가 그 지경일 때도 나라는 무너지지 않았습니다.

가장 최근의 박근혜 전 대통령 탄핵 사태만 하더라도, 최순실의 국정농단을 검사로서 도저히 묵과할 수 없어서 검찰 스스로가 검찰력을 총동원해 나라의 기강을 바로잡고, 대통령의 헌법 위반사항에 대해 철저히 책임을 묻기 위해 시작된 일은 아닙니다. 잘 알다시피 언론이 먼저 그 사실을 파고들었고, 주권자인 국민들이 촛불을 들고 거리로 나왔기 때문에 탄핵까지 간 것이었습니다.

당시 법률가들이 한 일을 떠올려보시길 바랍니다. 어떻게든지 안 하려고 핑계만 댔습니다. 처음에는 증거가 없다, 언론보도 수준으로는 수사를 할 수 없다고 했습니다. 촛불이 한참 타오른 후에야 특별수사본부를 만든다는 이야기가 나왔습니다. 검사들이 갑자기 정의의 사도가 되어서, '난 개지만 진돗개야' 하면서 이뤄진 일이 아니었다는 말입니다.

결론적으로 언론 한 분야에서라도 제 기능을 하려고 하니까 그나마 민주주의가 살아서 움직이는 것처럼 국민이 느끼지 않습니까. 비로소 민주주의가 다시 작동하게 된 것입니다. 이 문제가 감춰지고 썩어문드러질 때까지 제일 큰 역할을 한 게 언론과 검찰입니다. 언론은 조금 바뀐 모습을 보였는데, 검찰은 그만큼 했는지 의문입니다. 만약 의문이 든다면, 검찰의 지금과 같은 모습을 주권자로서 방치하거나 용서해서는 안 됩니다.

진정한
법치주의를
위해

　지금까지 법은 절대로 정치를 심판할 수 없다는 제 의견에 대한 현실적인 근거를 말씀드렸습니다. 가슴 아픈 현실이지만 대한민국의 법질서와 정의를 바로 세우기 위해서는 국민 개개인이 가지고 있는 법질서와 정의에 대한 관념을 키우는 수밖에 없습니다. 지금까지 역사로 검증된, 가슴 아프지만 인정해야 할 현실입니다. 정치 현실은 주권자의 각성과 감시와 비판이 있지 않으면 절대 달라지지 않습니다. 정치 현실이 바뀌는 순간, 국민 앞에 법을 흉기로 들이밀던 그 기관들이 돌변해서 법을 가지고 한을 풀어드리겠다며 안면을 바꾸고 나서는 것을 촛불 이후 확인하기도 했습니다.

학벌 위주의, 서열 위주의, 갑을관계가 지배하는 꼬여 있는 한국 사회의 현실이 법률가들에게 너무 많은 특권을 주었습니다. 학교 다닐 때 공부를 탁월하게 잘한 사람, 우리 반 반장, 선생님이 인정하는 모범생이어서 떠드는 애들의 이름 적던 사람들이 서울대를 가고, 법대를 가고, 사법시험에 합격해 판검사가 되었습니다. 그런 후에 다시 법이라는 회초리를 들고 이름을 적습니다. 학생 때는 권력자인 선생님을 대신해서, 판검사가 되어서는 대통령을 대신해서 국민을 상대로 쇠몽둥이를 휘두르고, 이름을 적어 전과자로 만듭니다. 그 짓을 하면서 너무나 당연하다고 생각하고 있었습니다. 이유는 하나입니다. 나는 어릴 때부터 그런 일을 해왔으니까.

모범생의 특징이 있습니다. 그들은 윗사람 보기에 좋은 일을 잘합니다. 윗사람이 시킨 일에서 벗어나거나, 윗사람한테 질책받는 걸 끔찍하게 두려워합니다. "선생님이 칠판지우개 털어놓으라고 했잖아" "왜 떠드는 애들 이름을 안 적어" 그러면 "선생님 죄송합니다" 하던 상황과 "너

실형 선고하라고 했잖아. 왜 집행유예로 풀어줘" "죄송합니다" 하는 상황이 뭐가 다릅니까. 그런 사람들입니다. 그들은 똑똑하니까 우리보다 정의에 대해서 더 깊게 생각할 거라고 시민들이 인정해주고 방치했기 때문에 저대로 썩어버린 것입니다. 이것은 여러분에게 하는 이야기만은 아닙니다. 법조인들에게도 해당되는 말입니다. 로스쿨에서 가끔 강의를 하는데, 그때마다 학생들에게 이런 이야기를 합니다.

로스쿨 들어오니까 없던 정의감이 샘솟습니까? 로스쿨 3개월 다녀보니까 인권의식이 되살아나서 화장실 여성 칸이 부족해 줄 서 있는 걸 보니 화가 나서 인권위원회에 진정하고 싶습니까? 로스쿨 들어오기 전에 학부 다닐 때 본 법대 친구들이 공대 다닌 당신보다 정의롭다고 생각했습니까? 안 그렇지 않습니까. 그런데 왜 변호사 라이선스를 딴 순간부터 정의로워지고, 인권의 수호자가 될 거라고 생각합니까. 라이선

스를 바탕으로 판검사가 되는 순간 이 땅의 정의와 진실을 내가 다 알고 있고, 내가 판단하는 것이 정의와 진실이라고 생각합니까. 그런 권한을 누가 주는 것입니까, 어디서 비롯되는 것입니까. 이 문제에 대한 답은 스스로 내려보시길 바랍니다.

2016년 10월 이래 우리는 이런 경험을 했습니다. 주권자가 앞에 나서서 정치 현실을 바꾸겠다고 외치기 시작하니까 소위 지배계층의 엘리트로 군림하던 사람들의 속살이 그대로 보이기 시작했습니다.

그리고 이런 사실도 확인했습니다. 대학교수, 총장, 국회의원, 검사, 장관, 이런 사람들이 법정에 증인이나 참고인으로 제발로 걸어나와 진실을 말하지 않는다는 것을 알게 되었습니다. 권력을 가지고 있는 주권자가 이들을 절대로 방치해선 안 된다, 그들의 민낯이 드러나는 순간 잘못을 지적하고 비난하고 비웃어주고, 그래야 바뀔 개연성이 생긴다는 사실도 알게 되었습니다.

법은 건전한 상식의 범위를 뛰어넘을 수도 없고 뛰어넘어도 안 됩니다. 여러분이 생각하는 원칙과 기준이 곧 법에도 통용되고, 상식이 확립된 사회가 정의롭고 민주적인 사회입니다. 그것을 위해서 정치에 대한 관심을 절대로 놓으면 안 됩니다. 우리가 정치에 관심을 가질 때 올바른 정치권력이 만들어지고, 시민의 건전한 상식이 뒷받침된 올바른 법이 만들어집니다. 그 법에 의해서 올바른 법문화가 만들어져야 비로소 주권자인 시민들이 법이 있어서 다행이라고 느낄 수 있게 됩니다. 그것이 바로 법치주의입니다.

기득권자들이 말하는 법치주의는 함무라비 때부터 있었습니다. "도둑질하면 팔을 자른다" "시위할 때 복면 쓰면 잡아 가둔다" 같은 법치주의, 그런 것은 법치주의가 아닙니다. 법은 태생적으로 약자의 편에 서야 합니다. 시민의 입장에서 법이 나한테 무섭게 다가오는 게 아니라 억울하고 더럽고 치사한 꼴을 당했을 때 법이 해결해줄 거라는 믿음을 얻을 수 있어야 합니다. 법이 있어서 다행이다, 힘없는 사람에게 법이라는 무기가 있구나 하는 생각이 드는 날이 와야 합니다. 그리고 역사를 통해 확인할 수 있는 분명한 사실은 그 역할을 절대 법률가들이 앞장서서 하지 않는다는 것입니다. 절대로.

세상의 정의에 목마른 이들은 주권자인 시민들이지 절대 법률가들이 아닙니다. 그들은 오히려 불의가 횡행해야 할 일이 많아지는 집단이라는 태생적 한계를 지니고 있습니다. 그리고 특히 우리 사회처럼 법률가가 특권층으로 인식된 기간이 길수록 스스로의 문제에는 눈을 감고, 지금껏 누려온 특권과 기득권을 강화하기 위해 시민들의 눈을 속일 가능성이 높습니다. 어느 분야든 독점하고 정보를 차단하면 많은 수익을 얻을 수 있으니까요. 그러니 주권자들의 감시와 관심이 필요하다는 점을 다시 한번 강조해 말씀드립니다.

물고 답하기

제가 겪은 일은 아니지만 전해들은 이야기가 있습니다. 경기고등학교를 우수한 성적으로 입학·졸업하고 서울대 법대를 수석 합격하고 사법시험을 수석 합격한 사람이 있는데 편의상 홍길동이라고 부르겠습니다. 그 홍길동의 친구가 어느 날 경기고등학교 동문회 자리에 합석을 하게 된 적이 있다고 합니다. 그래서 홍길동이 자기 친구라고 자랑을 했는데 그 자리에서 말도 안 되는 소리를 들었다는 것입니다.

거기 앉아 있는 분들이 "길동이가 인물도 좋고, 성품도 좋고, 운동도 잘하고 다 뛰어난데 머리가 좀 나쁘죠"라고 하더라는 겁니다. 친구가 생각하기에 수석을 맡아하던 홍길동을 저렇게 이야기하는 건 "이건희가 다 좋은데, 돈이 없죠" 하는 것으로 들리더랍니다.

　그래서 길동이가 정말 머리가 나쁘다고 생각하는 거냐고 그들에게 물어봤더니, "길동이가 중학교를 경기를 못 나왔잖아요"라고 했다고 합니다. 중학교 입시가 있던 시절에 경기중학교는 최고의 학교였습니다. 경기고등학교가 10반까지 있었는데, 경기중학교 출신은 자동으로 경기고등학교로 올라가서 여섯 반을 채우고, 나머지 네 반은 전국에서 뽑았습니다. 그런데 홍길동은 경기중학교를 떨어져 다른 중학교를 나왔고, 다만 경기고등학교를 우수한 성적으로 들어왔을 뿐이니 머리가 나쁘다고 했다는 것입니다.

　그 자리에 있었던 사람들이 50대 초반의 법조인들인데, 홍길동이 경기중학교를 못 나왔으니 머리가 나쁘다고 말한 것을 어떻게 생각하실지 모르겠습니다. 바로 그들이 기득권을 잡고 있는 동안 특목고를 만들고 평준화를 없애야 한다고 주장한 사람들입니다. 끼리끼리 해먹어야 먹고

살기가 좋기 때문이지요.

이 사람들은 나이 50이 넘어서도 그때 중간고사에서 내가 1등을 했네, 뭐 했네 하면서 다투고 있습니다. 믿어지지 않겠지만 실제로 보면 끔찍합니다. 그런 사람들이 모여서 나라 걱정을 하고 있습니다. 이분들은 서열이 굉장히 중요합니다.

이런 일은 비일비재합니다. 총장이라는 말이 붙으면 다 장관급인데, 예를 들어 육군참모총장, 서울대학교 총장, 검찰총장이 모두 장관급입니다. 나는 청장하고 같이 취급되면 안 된다고 해서 총장이라고 붙인 것입니다. 그래서 경찰총장이라고 검사들 앞에서 말하면 그들은 진심으로 짜증을 냅니다. 경찰청의 수장은 장관급이 아니니 청장이라고 불러야 한다는 것입니다. 그렇다고 전주지방검찰청의 수장을 청장이라고 부르지 않습니다. 그건 또 지검장이라고 부릅니다.

청장이라고 부르는 사람이 있기는 합니다. 광주지방검찰청 해남지청이라면, 이곳의 수장은 청장이라고 합니다. 부장검사급이 맡는 자리인데, 청장이라고 불러주면 차관급 같기 때문입니다. 그래서 해남지청에서는 죽어도 청장이라고 합니다. 이렇게 그들은 서열을 중요하게 생각합니다.

이게 바로 비뚤어진 엘리트의 심상(心象)이라고 할 수 있는 부분이지요. 학창 시절에 성적이 우수했다는 이유로, 시험 치는 재주가 있다는 이유로 경쟁에서 승리하고 쉽게 우위를 차지해 다른 사람을 지배하는 쾌감을 누리는 시스템이 그간 우리가 자라온 교육 환경이자 사회 환경이었습니다. 그리고 그 자리에 오르면 자연스럽게 권력과 돈이 따르고 그걸 가진 이들과 결탁하여 순종해왔습니다.

이렇게 세상을 누려온 이들은 민주화가 진행될수록 금단현상에 시달릴 수밖에 없습니다. 그래서 소위 '수월성 교육' 운운하며 어떻게든 평준화를 해체하고 특목고·자사고·외고 등을 만들어온 것이지요. 시민들의 비판을 질투나 부러움이라고 치부하는 오만함도 여기서 비롯됩니다.

그러니 확실히 알아야 합니다. 사람 위에 사람 없고, 사람 밑에 사람 없다는 사실을. 법조인이야말로 그 책임을 다하지 못할 때 막심한 피해를 낳는 집단이므로 더욱 엄정하게 감시하고 비판해야 한다는 사실을.

저의 사례를 이야기해보겠습니다. 군법무관들의 소송대리인으로 군대 내 불온서적에 대한 사건을 다룬 적이 있습니다. 국방부에서 불온서적을 지정하고 군인들에게 읽지 못하게 막은 사건입니다. 그래서 법무관들이 헌법소원을 내서 기본권침해라고 주장을 했습니다. 저는 이길 거라고 자신했습니다. 왜냐하면 그 전에 헌법재판소가 불온이라는 용어를 판단한 적이 있었습니다. 2002년에 판결이 나왔는데 전기통신사업법 53조의 불온통신을 규제하는 조항이 헌법 위반이라는 내용이었습니다.

판결을 보면 "표현의 자유를 규제하는 입법에 있어서 명확성의 원칙은 특별히 중요한 의미를 지닌다. 공공의 안녕질서, 또는 미풍양속을 해하는 불온통신의 개념은 너무나 불명확하고 애매하다"라고 되어 있습니다. 불온의 의미가 법에도 써 있는데, 이렇습니다. "매우 추상적인 개념이어서 사람마다의 가치관, 윤리관에 따라 크게 달라질 수밖에 없고 법 집행자의 통상적 해석을 통하여 그 의미 내용을 객관적으로 확정하기도 어렵다." 뻔한 말인데 굉장히 복잡하게 쓰여 있습니다. 쉽게 말하면 자기 생각에 따라서 불온하다고 하면 불온한 것이고 아니면 아닌 것이지 명확한 기준이 있다고 할 수 없다는 것입니다. 헌법재판소가 그래서 위헌이라는 판결을 내렸습니다. 표현의 자유를 규제하기 때문이라는 것인데, 제대로 해석해 잘 쓴 판결문입니다.

불온통신을 그렇게 판단했다면 불온서적도 같은 기준으로 판단할 수 있지 않겠습니까? 그러니 저는 당연히 불온서적을 못 읽게 하는 건 위헌이라고 나올 줄 알았습니다. 하지만 결론은 제가 졌습니다. 저는 '군인복무규율 16조 2'가 위헌이라고 주장했는데, 그 내용은 "군인은 불온유인물, 도서, 도화, 기타 표현물을 제작, 복사, 소지, 운반, 전파 또는 취득해서는 아니되며 이를 취득하면 즉시 신고해야 된다"는 것입니다.

이 조항에 대해 헌법재판소는 이렇게 판결을 내렸습니다. "군인복무규율은 불온이라는 규범의 의미 내용으로부터 무엇이 금지되고 무엇이 허용되는 행위인지를 예측할 수 있으므로 명확성의 원칙에 위배되는 법령조항이라고 보기 어렵다."

그 전에는 불온이 "매우 추상적인 개념이어서 사람마다의 가치관, 윤리관에 따라 달라질 수밖에 없고"라고 했는데, 이번에는 "무엇이 허용되고 무엇이 금지되는지를 예측할 수 있으므로 명확성의 원칙에 위배되는 법령조항이라고 보기 어렵다"라고 했습니다. 같은 불온을 두고 이렇게 다르게 해석을 한 것입니다.

이 판결이 난 뒤에 로스쿨 학생들로부터 강연을 해달라는 요청을 여러 번 받았습니다. 소송을 어떻게 했기에 졌는지를 물어보고 싶었던 것이겠죠. 강연 자리에 가서 불온의 개념에 대해 이렇게 다른 판단을 한 헌법재판소의 과거와 현재에 대해 이야기를 하면, 학생들이 아무 말도 하지를 못합니다. 그리고 이렇게 질문을 하지요. "도대체 왜 저럴까요, 저렇게 되지 않으려면 어떻게 해야 할까요?" 그때마다 대답이 궁했지만, 적어도 현실에 대해서는 이렇게 이야기를 해주었습니다.

그 사람들도 학생 때는 정치 상황에 따라 다른 판단을 할 거라고 생각하지 않았을 것이다. 당신들도 로스쿨 다니면서 무슨 생각을 하고 무슨 책을 읽고 현실에 대해서 얼마나 고민했느냐에 따라서 괴물이 될 수도 있고 성자가 될 수도 있다는 것을 명심했으면 좋겠다. 그런데 지금의 정치 현실이 바뀌지 않으면 당신들이 괴물이 될 가능성이 훨씬 높다고 생각한다. 그게 현실이다.

헌법재판은 그 본질이 정치재판이라는 게 학자들의

통설이지요. 그런 속성을 가졌다고 해서 반드시 잘못되었다고 볼 필요는 없습니다. 법원이 시대적 소명을 다하지 못하고 기득권에 포획되어 세상의 발전을 가로막는 걸림돌이 될 경우, 헌법재판소가 시대를 앞당기는 판결을 통해 주권자의 정치적 의사를 사법적으로 확정해서 법원의 판례를 보다 발전적으로 끌어낼 수도 있는 것이니까요. 하지만 그 모든 것은 재판을 담당하는 이들이 얼마나 정의로운가에 달려 있습니다. 알량한 권력에 취하고, 시민 위에 군림하려 든다면 그건 그저 민주주의를 저해하는 괴물일 뿐이니까요.

검찰 자체에 맡기기엔 이미 너무 많은 잘못을 저질렀지요. 일각에서는 박근혜 최순실 특검처럼 검찰 인사권을 대통령에게서 완전히 독립시키면 된다는 주장이 있습니다. 검사들이 알게 모르게 퍼뜨리는 주장이기도 하지요. 하지만 이는 그야말로 검찰 파쇼를 부르게 됩니다. 검찰의 민주적 통제는 결코 양보하거나 훼손할 수 없는 과제이기도 하지요.

우선 검찰을 이용해 권력을 부정하게 행사하지 않을 올바른 정권을 세우는 것이 가장 중요합니다. 다음으로는 검찰의 비대한 권한을 나누어 더 이상 권력이 이를 활용할 유혹을 느끼지 않게 만드는 것이 있습니다. 또한 그렇게 되기까지 제도가 정착되는 동안의 시행착오를 방지하기 위해 공직자비리수사처 같은 특별기구를 두어 검찰을 견제하고 감시할 필요가 있는 것이지요. 이상의 어떤 개혁과제도 구세력의 발목 잡기에서 쉽게 빠져나오기 어려웠던 것이 그간의 경험이어서 앞으로 새정부가 수립되면 주권자의 요구와 감시가 더욱 치열하게 이루어져야 한다고 생각합니다. 권력기관은 절대 스스로 권력을 놓거나 양보하며 좋아지지는 않으니까요.

물론입니다. 언론이야말로 건전한 토론과 성찰을 통해 분명히 개혁할 수 있습니다. 시민들이 스스로 생각하는 힘을 길러 매사 올바른 판단력을 발휘하는 주권자로 바르게 서면 사이비 언론은 물론, 권력에 기생하며 이권을 두고 공생하는 악덕 언론을 구별하여 퇴출시킬 수 있습니다. 일찍이 한나 아렌트(Hannah Arendt)가 힘주어 지적한 것처럼 '생각하지 못하는 죄'는 모두의 불행으로 돌아온다는 점을 명심해야 할 것입니다.

이젠 '그 얘기 신문에 났어'가 그대로 상식과 진실이 되던 세상이 아닙니다. 정보의 홍수 속에서 가짜뉴스가 판을 칩니다. 책 한 권이라도 더 읽고 스스로 생각하며 건전한 토론을 통해 생각을 나누는 교육을 발전시켜야 하겠습니다.

특히 지난 정권들을 거치며 완전히 망가져버린 공영방송(KBS, MBC)의 현실을 심각하게 반추할 필요가 있습니다. 잘못된 지배 구조도 고쳐야 하고 구성원들의 의식도 좀더 나아져야 하고, 그 무엇보다 자본에 포획되지 않는 건전한 언론으로서 권력을 비판하고 감시해야 하는 기본 사명에 충실하도록 법과 제도를 완전히 바꾸어야 합니다. 그 핵심은 권력이 언론을 장악하려는 시도를 차단해야 한다는 점에 있지요. 저도 방문진 이사를 두 번이나 역임했는데요, MBC의 '흑역사'를 막아내지 못한 점, 이 자리를 빌려 깊이 사죄드립니다.

하지만 아직 희망이 있습니다. 진짜 언론인들이 제자리로 돌아가 맡은 바 소명을 다 해낼 수 있도록 성원해주시는 것도 잊지 않았으면 좋겠습니다.

　　글쎄요, 법학자들이 주로 주목하고 모범으로 삼고자
하는 최고 재판기관은 독일 연방헌법재판소와 미국 연방
대법원을 들 수 있겠습니다. 독일은 재판에 대한 헌법소
원을 인정해서 대법원보다 헌법재판소가 상위에 있다는
특징이 있지요. 사법기능에서 정치적 속성을 완전히 배제
할 수는 없지만 그래도 민주주의와 법치주의의 발전 역
사가 긴 나라일수록 사법부의 독립에 대한 확신과 존중이
있는 것 같습니다.

　　물론 하루아침에 이루어지는 일이 아니고, 일부 구성
원의 각성만으로 해결될 일도 아니어서 두고두고 차근차
근 다져가야 하겠지요. 여기서도 무엇보다 중요한 것은

사법부 구성원을 특별한 사람으로 치부한 채 성역화시키는 일만은 결단코 없어야 한다는 사실입니다.

독일 연방헌법재판소와 미국 연방대법원도 처음부터 훌륭한 일만 한 것은 아닙니다. 대공황 때 미국을 살린 가장 훌륭한 정책으로 평가받는 뉴딜 정책에 사사건건 발목을 잡았던 것이 미국 연방대법원이었으니까요. 하지만 그들은 어떻든 사회를 유지하고 정의를 수호하는 데 있어 인류가 창안해낸 가장 합리적인 기관으로 법원을 인정하고 존중하는 한편, 제대로 사명을 다하지 못한 법률가를 결코 용서하지 않았다는 점이 중요합니다. 나치에 부역한 법관들을 단죄하지 않았다면 오늘날 독일 연방헌법재판소도 없는 것이지요. 결국 언제나 중요한 것은 시민의 각성과 감시입니다.

사법부가 본연의 기능을 회복한다 하더라도 정치를
온전하게 심판할 수는 없을 것입니다. 민주주의의 근본원
리에 비추어 생각하자면 그러한 심판이 꼭 옳은 것도 아
닙니다. 정치의 사법화, 사법의 정치화를 모두 경계해야
하듯, 모든 정치적 이슈가 사법의 영역에서 해결되는 것
은 불가능하기도 하고 옳지도 않습니다.

선출된 권력이 아닌 직업 법관이 세상의 모든 문제를
심판하는 절대자로 군림하는 것은 매우 위험하고 결국 민
주주의를 저해할 가능성이 높습니다. 중요한 것은 언제나
주권자의 뜻을 받드는 바른 정치가 이루어져 건전한 토론
과 합의를 통해 최선의 방안을 도출하는 건강한 정치가

작동되게 하는 것입니다.

　법이 정치를 심판하는 도구가 되기보다 정치를 통해 올바른 법이 만들어지고, 법을 집행하거나 법을 통해 판단하는 이들은 정치적 영향력에서 벗어나 주권자의 입장에서 가장 올바른 길이 무엇인가를 늘 고민하고 선택하는 것이 훨씬 건강한 민주주의의 길입니다. 올바른 정치는 주권자의 뜻이 그대로 구현되는 것입니다. 올바른 정치가 이루어진다면 법은 당연히 정치의 아래에 놓여야 하지요. 현실이 그렇지 않다면, 법이 올바로 만들어지고 올바로 작동하기 위해서는 정치를 복원하는 것이 우선입니다. 민주주의를 실현하려는 주권자에겐 일종의 의무라고도 할 수 있을 것입니다.

　주권자라면, 특히 민주주의를 수호하고자 하는 사명을 느끼는 주권자라면 반드시 투표에 참여해야 한다는 말씀을 드리고 싶습니다. 투표를 하지 않으면 주권자로서 존중받을 자격이 없습니다. 그리고 자신의 의사를 다른 방식으로 표현하는 데에도 한계가 있을 수밖에 없고요.

특히 미래의 주역인 청년들의 투표율이 저조하다는 것은 출산율 저하만큼이나 심각한 문제입니다. 청년 세대의 어려운 현실은 골방에 갇혀 남들과의 경쟁만을 의식하며 스펙 쌓기에만 몰두하는 것으로 해결될 수 없습니다. 다른 이들의 생각을 알고, 그들과 공감하며 소통할 수 있어야 새로운 세상을 꿈꾸고 더 멋진 세상을 만들어갈 수 있는 것이지요. 그러기 위해서는 끊임없이 세상과 사람에 관심을 가져야 합니다. 기회가 닿는 대로 독서나 여행 등을 통해 견문을 넓히고, 다른 이들과 생각을 나누고 토론할 기회를 찾을 수 있기를 바랍니다.

다행히 예전보다는 다양하고 손쉬운 방법으로 생활 속의 민주주의를 체험하고 실천할 수 있는 기회들이 늘어나고 있습니다. 이런 기회를 통해 권력자는 물론 사회 문제 전반에 대해 비판하고 성찰하는 안목을 키워나가야 합니다.

또한 독선에 빠지지 않으려면 스스로의 생활이 얼마나 민주적인지도 늘 돌아볼 필요가 있습니다. 공익제보자를 보호하지 못하는 국가를 비판하면서, 정작 나의 직장에서 벌어지는 불의에는 눈을 감고 앞장서 정의를 외치는 이들에게 배신자라며 손가락질하지는 않았는지, 시민에게 군림하려드는 공직자를 끔찍이 싫어하면서 직장이나 가정에서는 누구 위에 군림하려 하지는 않았는지 살펴야 합니다. 또 세상에서 벌어지는 일에 항상 관심을 갖고 그 원인과 개선방안도 함께 고민할 수 있으면 좋겠습니다.

혼자서는 한계가 있으니 여러 사람이 함께 지식과 고민을 나누는 장을 찾아 적극적으로 참여하실 수 있기를 바랍니다. 그래서 노무현 전 대통령이 "민주주의 최후의 보루는 깨어 있는 시민의 조직된 힘입니다"라고 말한 사실을 다시 떠올려봅니다. 정치의 전면에서 온갖 불의와 폐습에 맞섰던 사람이 마지막까지 남기고자 했던 말에 담긴 그 간절한 소망을 모두가 기억하고 실천하면 좋겠습니다.

의지는 강했지만 방법이 서툴렀던 것이지요. 뚜렷한 계획도 없었고, 어떻게든 개혁을 성사시키기 위해서는 여러 변수가 고려되었어야 하는데 그 전략도 많이 부족했다고 생각합니다. 반대세력의 저항을 뚫고 나갈 수 있는 정치적 지형이나 여건도 완비되지 못했고, 이를 적절히 컨트롤하며 성과를 만들어내는 노련함도 많이 부족했던 것이 사실입니다. 무엇보다 권력기관의 속성을 너무 피상적으로 이해해서 정치권력이 그들을 선의로 대하면 그들도 선의로 움직이리라고 기대한 것은 완전한 착각입니다.

하지만 그 실패의 경험이 쌓이는 과정에서 많은 시행착오를 겪었기에 다음엔 그것을 반복하지 않는 게 중요하

겠지요. 어떻든 개혁작업을 진행하는 과정에서 많은 연구
와 개선방안이 마련되었다는 성과도 있습니다. 이젠 진짜
개혁을 완성할 때가 왔습니다. 반드시 이루어야 합니다.

아주 없지는 않지요. 독재에 항거하며 양심에 따라 변론했던 수많은 인권 변호사가 있고, 어려운 와중에 사표를 낼망정 권력의 뜻에 굴종하지 않았던 판사와 검사도 소수지만 분명히 존재합니다. 최근에도 전수안 대법관이 퇴임사를 통해 잔잔한 감동을 남기기도 했습니다. 일부를 소개하면 이렇습니다.

34년간 잘한 것 못한 것 모두 제 책임입니다. 피할 수 없는 역사적 평가와 비판은 제 몫이지만, 상처받은 분께는 용서를 구합니다. 역부족, 중과부적(衆寡不敵)이 변명이 될 수 없음을 잘 압니다. 인간이기를 포기

한 최근의 어느 흉악범이라 할지라도 국가가 직접 살인형을 집행할 명분은 없다는 것, 아버지가, 그 아들이, 그 아들의 형과 동생과 다시 그 아들이 자신의 믿는바 종교적 신념 때문에 징역 1년 6월의 형을 사는 사회여서는 안 된다는 것, 이런 견해들이 다수의견이 되는 대법원을 보게 되는 날이 반드시 오리라고 믿으면서, 떠납니다. 끝으로, 여성법관들에게 당부합니다. 언젠가 여러분이 전체 법관의 다수가 되고 남성법관이 소수가 되더라도, 여성대법관만으로 대법원을 구성하는 일은 없기를 바랍니다. 전체 법관의 비율과 상관없이 양성평등하게 성비의 균형을 갖추어야 하는 이유는, 대법원은 대한민국 사법부의 상징이자 심장이기 때문입니다. 헌법기관은 그 구성만으로도 벌써 헌법적 가치와 원칙이 구현되어야 합니다.

어떻습니까? 우리에게도 이렇게 소수자 보호를 위한 사법부의 사명을 몸소 실천하고자 했던 법관이 최근까지 존재했다는 사실이.

하지만 대부분의 법조인이 자랑으로 내세우는 사표로는 누구보다 조영래 변호사를 들 수 있습니다. 이분이 남긴 수많은 글들 가운데 늘 마음에 담아두는 구절이 있습니다. 이 글을 통해 그 삶의 향기가 충분히 전해지리라 믿습니다. 사법연수원 시절 거치게 되어 있는 검사시보 생활을 앞두고 그 스스로 다짐한 글입니다.

내가 지키려고 하는 첫 번째는 피의자 또는 참고인 가족들에게 친절한 자세를 흩뜨리지 않도록, 어떤 경우에도 권력을 가진 자의 우월감을 나타내거나 상대방을 위축시키거나 비굴하게 만드는 일이 없도록…

그렇지요. 피고, 피고인을 많은 분들이 헷갈려 하십니다. 많이 접하게 되는 단어인데, 가장 흔하게 틀리는 법률용어 가운데 대표적인 것이지요.

우선 민사재판과 형사재판을 구분해야 합니다. 민사재판은 쉽게 말해서 사람들 간의 삶에서 일어나는 재산 분쟁이나 가족 분쟁을 해결하는 절차입니다. 돈을 빌리고 갚지 않는 사람에게 돈을 받아내는 일, 갈수록 늘어나는 이혼 사건 등이 대표적이지요. 민사재판에서 소송을 제기한 쪽, 즉 재판을 건 사람을 원고라 하고 원고로부터 소송의 상대로 지목된 사람을 피고라고 합니다. 그러니 피고는 죄를 지었는지의 여부와는 전혀 무관하게 사용되는 용어지요. 설령 돈 한 푼 빌려간 적이 없는 사람을 상대로 소송을 걸더라도 소송이 걸린 당사자는 그냥 피고라 불리는 것이니까요.

그런데 피고인은 피고에 사람 인(人) 자 하나 더 붙어 있지만 완전히 다른 말입니다. 거의 하늘과 땅 차이지요. 일단 피고인은 민사재판이 아닌 형사재판에서 쓰는 말입니다. 즉 용의자가 입건되어 피의자로 수사를 받다가 검사에 의해서 범죄 혐의가 있는 것으로 인정되어 재판에 회부되면 그 사람에게 죄가 있는지, 있다면 어떤 처벌을 할 것인지 정하는 재판이 열리는데, 그것을 형사재판이라고 합니다. 그러니 검찰청에서는 피고인이라 불리는 사람이 있을 수 없고, 법원에서는 피의자라고 불리는 사람이 있을 수가 없습니다.

사람들이 피고와 피고인을 헷갈려 하는 것은 대중매체의 탓이 큽니다. 우리나라의 영화나 드라마에서 형사재판을 묘사하는 장면을 보면 피고인을 피고라 부르는 경우가 참 많습니다. "피고 아무개에게 무기징역을 구형합니다"라고 차갑게 말하는 검사, 안타깝고 간절한 목소리로 "피고 아무개는 무죄입니다"라고 말하는 변호사, 무표정한 얼굴로 자못 근엄하게 "피고 아무개를 징역 5년에 처한다"라는 판결문을 읽어내려가는 판사. 모두 완전히 잘못된 말을 하고 있는 것이지요.

조금만 생각하면 쉽게 구분할 수 있습니다. 잘못하면 당사자에게 큰 실례가 될 수 있는 말이기에, 피고와 피고인만큼은 꼭 구분해서 사용할 수 있었으면 합니다.

1975년 4월 8일 오전 10시, 대법원 전원합의체(재판장 민복기)가 피고인들은 물론 변호인조차 출석하지 않은 가운데 인민혁명당(인혁당) 재건위 사건 관계자 등 39명에 대한 판결문을 10분 동안 읽었습니다. 판결 주문(主文)은 '상고를 기각한다'는 것이었습니다. 인혁당 재건위 사건 관련자 가운데 소위 주동자급으로 분류된 8명에게 이렇게 간단히 사형을 확정한 것이지요. 그로부터 18시간이 채 지나지 않아 박정희 정권은 서둘러 사형을 집행했습니다. '사법살인'이 이루어진 것입니다.

사형이 집행된 1975년 4월 9일은 스위스 제네바에 본부를 둔 국제법학자협회에 의해 '사법 암흑의 날'로 지정

되었습니다. 검찰과 법원을 앞세운 박정희 정권의 살인행위가 벌어진 날이기 때문입니다. 도예종, 여정남, 김용원, 이수병, 하재완, 서도원, 송상진, 우홍선 등 8명의 피고인은 아무런 죄가 없는데도 정권의 기획과 조작에 따라 구속 수사를 받고, 형식적 재판 끝에 서둘러 처형되기까지 한 사실이 후일 낱낱이 밝혀졌습니다. 심지어 장례도 치르지 못하게 시신을 탈취하려 했으니 정말 천인공노할 만행이라 해도 부족한 일입니다.

박정희의 심복이었다가 훗날 의문의 죽임을 당한 전 중앙정보부장 김형욱의 회고록에도 "박정희와 이후락의 지령을 받은 신직수 그리고 그의 심복 이용택은 10년 전에 문제가 되었다가 증거가 없어서 석방한 사람들을 다시 정부 전복 음모 혐의로 잡아넣었다"라고 적혀 있는 것을 보면 정말 치가 떨리는 사건입니다. 유신정권의 수사기관은 가혹한 고문을 통해 사건을 날조하여 군사법정에서 재판을 진행했고, 고문을 인정할 수 있는 수많은 정황과 증거가 존재함에도 이를 완전히 외면했습니다.

판결 후 20년이 지난 1995년 4월, 한 방송사에서 실시한 '근대 사법제도 100주년 기념 설문조사'에서 현직 판사 315명이 이 인혁당 사건 판결을 우리나라 사법사상 가장 수치스러운 재판으로 꼽았습니다.

2002년 9월 12일 국가기관인 의문사진상규명위원회(위원장 한상범)가 "중정은 당시 도예종 씨 등 23명에 대해 북한의 지령을 받아 인민혁명당 재건위를 구성, 학생들을 배후 조종하고 국가 전복을 꾀했다고 발표했지만 위원회 조사 결과 이를 입증할 증거는 어디에도 없었으며 혐의는 모두 피의자 신문조서와 진술조서 위조를 통해 조작됐음이 확인됐다"라며 인혁당 재건위 사건이 박정희 정권에 의해 벌어진 용공조작임을 밝혔습니다. 피의자 신문조서와 진술조서를 조작하는 과정에서 중앙정보부가 파견한 경찰관을 동원해 구타, 몽둥이찜질, 물고문, 전기고문 등을 자행한 사실과 함께, 이 같은 고문 탓에 사형이 집행됐던 하재완 씨 등 관련자들이 탈장과 폐농양증 등의 심각한 후유증을 겪었다는 사실이 보고서에 담겼습니다.

의문사진상규명위원회는 또 "재판을 담당한 군사법원 재판부 역시 피고인이 부인한 혐의사실을 정반대로 기록하거나 불법적 고문수사에 항의하는 발언을 기록에서 누락시키는 방식으로 공판조서를 허위 작성했으며, 피고인들의 증인 신청을 단 한 차례도 받아주지 않거나 가족도 피고인당 단 한 명만 방청을 허락하는 등 재판 과정을 위법하게 진행했다"라고 지적하면서, 이 사건이 당시 중앙정보부에 의해 박정희 대통령에게까지 보고된 사실도 확인했습니다.

이렇게 의문사진상규명위원회의 조사 결과에 따라 재심을 진행했습니다. 2007년 1월 23일 서울중앙지법 형사합의23부(재판장 문용선 부장판사)는 인혁당 재건위 사건에 연루돼 1975년 긴급조치 1호 위반 등의 혐의로 사형이 집행돼 숨진 8명에 대한 재심 선고공판에서 재심 사유에 해당하지 않는 사안을 제외한 모든 사안, 즉 피고인 8명의 대통령 긴급조치 위반, 국가보안법 위반, 내란 예비·음모, 반공법 위반 혐의에 대해 무죄를 선고했습니다. 사법살인이 이루어진 후 32년이 지나서야 법정에서 판결이 번복된 것입니다.

하지만 지금까지 그 사건에 관여한 검사나 판사들 가운데 어느 누구도 공개적으로 잘못을 반성하거나 수치를 고백한 적은 없습니다. 당시 판결을 확정한 대법원은 여전히 권력의 눈치를 보며 판사를 통제하려 한다는 비판을 받고 있고, 군사재판 제도 또한 매우 이상한 형태로 여전히 남아 있습니다. 정말 개탄스러운 일이 아닐 수 없습니다.

권력 가까이에서 권력과의 유착 내지 거래를 통해 인연을 맺고 그 결과 정계에 진출하는 경우가 많습니다. 권력을 추종하고 도와준 대가로 거래가 완성되는 것이라고 해야 할까요. 아무튼 그렇게 정계로 진출해서 국민의 대표자로서 제대로 역할을 수행하면 그나마 다행일 텐데 그렇게 뚜렷한 업적을 남긴 분도 별로 떠오르지 않는 걸 보면, 그저 출세의 수단이자 종착지로 국회의원 자리를 생각하는 게 아닌가 싶습니다. 「내부자들」을 포함한 많은 영화와 드라마에서도 그러한 현실을 다양하게 묘사하고 있지요.

그런데 언론은 권력 감시와 비판을 기본적 사명으로

해야 하고, 검찰은 권력이 저지르는 비리에도 추상같은 정의의 칼날을 들이대야 합니다. 나중에 정계로 진출할 생각을 하면 날카로운 필봉이 무뎌지게 마련이고 정의의 칼날도 휘어지게 마련이지요. 아니, 그 수준을 넘어 아예 권력자의 앞잡이가 되는 경우까지 있으니 문제가 아주 심각합니다. 사슴을 일컬어 말이라 하고, 그런 아부 능력을 바탕으로 권력자의 눈에 들어 정계로 진출한다면 그 피해는 고스란히 국민의 몫이 되니까요.

같은 차원에서 저는 법관들이 행정부 고위직으로 이동하는 현상이 늘어나는 것도 많이 우려하고 있습니다. 과거 이회창이 대법관을 마치고 후일 감사원장, 국무총리를 거쳐 대통령 후보까지 되었던 기억이 있어, 시민들은 법관의 행정부 진출을 그저 그런 일로 받아들이는 경향까지 있는데 문제는 현직 법관들이 곧바로 행정부로 자리 이동을 한다는 데 있습니다.

과거 대법관 자리에 있던 김황식은 이명박 대통령에 의해 감사원장에 지명되고 나중에 국무총리까지 올랐습니다. 이 경우는 이회창과 달리 현직 대법관이 곧바로 대통령 직속의 기관장이 되었다는 점에서 법원 안팎의 우려가 있었지요. 그런데 그 후로도 서울중앙지방법원장 등 현직 법원장들이 국민권익위원장, 감사원장, 방송통신위원장, 국가인권위원장 등으로 대통령에 의해 임명되고 있습니다. 얼핏 보면 전문성 있는 법률가로서 나름대로 독립성 보장이 중시되는 기관의 수장으로 소신 있게 직무수행을 할 수 있을 것처럼 보이기 때문입니다.

하지만 기본적으로 행정부와 독립하여 행정부를 견제하고 심판하는 기능을 수행하는 법관이 곧바로 행정관료로 변신하는 것은 그 자체로 사법부의 독립성을 흔들 우려가 있어 자제되어야 한다고 봅니다. 권력자의 입장에서는 대법관 승진에 탈락한 법관이나 승진대상자들에게 장관급이나 그 이상에 해당하는 행정부의 요직으로 진출할 기회를 부여할 수 있다는 신호를 주어 사법부에 영향을 미치고, 판결의 성향을 유도하며 개인의 출세욕을 자극하는 방식으로 사법부 길들이기에 나설 우려가 있는 것이지요. 즉 고위 법관을 행정부 고위직에 임명하게 되면 사법부에서도 기대가 생길 것이고, 그런 기대가 대통령의 눈치를 보는 것으로 이어져 결국 3권 분립의 정신을 훼손할 수 있습니다. 체제순응형 법관들을 앞세워 형식적 법치가 독재로 이어지고, 그 결과 사법부 길들이기가 완성된다면 민주주의는 파괴될 수밖에 없습니다. 앞으로도 계속 관심을 기울여 주의 깊게 살펴야 할 일입니다.

법을 공부하는 이유는 권력과 돈에 아부하는 기술자가 되어 호의호식하고자 함이 아닙니다. 법은 결코 가진 자와 강자의 도구가 되어선 안 됩니다. 오랫동안 우리 사회에서 법이란 출세의 수단이자 권력자의 무기였습니다. 법이 있어 다행이라 여기는 이들보다 법이 결코 자기를 위해 존재하지 않는다는 사실 앞에 피눈물을 흘리는 이들이 많았습니다. 이런 현실은 쉽게 고쳐지지 않고 있습니다. 하지만 조금씩 나아지고 있습니다. 반드시 나아져야만 합니다. 그 길에 여러분의 공부가 마중물로써 역할을 하기를 바랍니다.

법은 차갑고 건조하지만 삶과 동떨어질 수 없고, 역사

를 외면할 수 없습니다. 언제 법률가가 될 것인지에 목표를 두지 말고, 어떤 법률가가 될 것인지 항상 고민하고 성찰했으면 합니다. 좋은 법률가란 어떤 사람을 일컫는지 생각하고 늘 겸손하게 노력하는 사람이 되기를 바랍니다. 그래야 괴물이 되지 않습니다.

정치의 시대

법은 정치를 심판할 수 있을까?

초판 1쇄 발행 / 2017년 5월 25일

지은이 / 최강욱
펴낸이 / 강일우
책임편집 / 윤동희 김효근
조판 / 박지현
펴낸곳 / (주)창비
등록 / 1986년 8월 5일 제85호
주소 / 10881 경기도 파주시 회동길 184
전화 / 031-955-3333
팩시밀리 / 영업 031-955-3399 편집 031-955-3400
홈페이지 / www.changbi.com
전자우편 / nonfic@changbi.com

ⓒ 최강욱 2017
ISBN 978-89-364-7360-0 04300
        978-89-364-7958-9 (세트)

* 이 책 내용의 전부 또는 일부를 재사용하려면 반드시
  저작권자와 창비 양측의 동의를 받아야 합니다.
* 책값은 뒤표지에 표시되어 있습니다.